AF331015

LA COOPÉRATION OUVRIÈRE

A TRAVERS LES AGES

8° R

15685

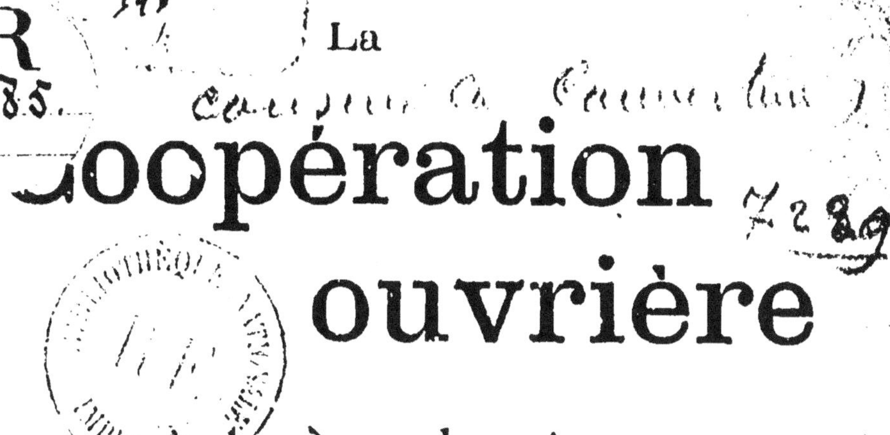

La Coopération ouvrière

à travers les âges

Etude extraite d'une thèse présentée à l'Ecole des Sciences sociales.

PAR

M. FERNAND RIEU

Avocat à la Cour d'appel de Paris.

PARIS

A. CHEVALIER-MARESCQ ET Cie, ÉDITEURS

20. RUE SOUFFLOT, 20

1898

La
Coopération
ouvrière
à travers les âges

Etude extraite d'une thèse présentée à l'Ecole
des Sciences sociales.

PAR

M. FERNAND RIEU

Avocat à la Cour d'appel de Paris.

PARIS

A. CHEVALIER-MARESCQ ET Cie, ÉDITEURS

20, RUE SOUFFLOT, 20

1898

INTRODUCTION

Le principe de la société et son éternel mobile
semblent avoir été de tous temps méconnus ; chacun les plaçait dans ses intérêts ou ses passions,
tandis qu'ils n'existent que dans un seul intérêt,
une seule passion, « le travail », le travail éclairé,
fécondé par l'esprit de justice, libre.

Ce créateur de tous les biens, de toutes les richesses, à qui tout devrait être sacrifié, qui méri-
terait seul les universels hommages, fut longtemps
méconnu, et, de nos jours encore, ne saurait se contenter d'une protection générale, souvent passagère, car il lui faut pour son paisible développement, sa libre expansion, un ensemble de faits et
de mesures plus conformes aux lois qui le régissent.

S'il a besoin de protecteurs et de guides, de modèles et de soutiens, pour acquérir les lumières
nécessaires à son action, il lui faut, par contre, la
liberté sociale, bien suprême, pour permettre à son
action de donner tout son effet.

On a beau argumenter sur les causes diverses des
révolutions, les véritables se trouvent toujours dans
une question économique : la misère et le mécon-
tentement précipitent les événements qui n'en sont

que l'occasion, la manifestation tangible. Et ce sera pour notre siècle une gloire nouvelle d'avoir enfin mis en lumière l'importance de cette question dans l'évolution de l'humanité.

Or, parmi les institutions favorables au travail, parmi les principes qui le créent, quelle que soit leur nature ou leur objet, il en est un qui les domine et semble les comprendre tous, c'est l'esprit d'association, de coopération, de mutualité ; esprit qui établit entre toutes les classes des rapports si intimes, des liens si puissants, pour s'aider et se protéger, pour intervenir directement dans leurs multiples intérêts pour se répartir, enfin, dans une multitude de combinaisons qui, toutes, tendent au même but : le développement des facultés, l'accroissement général du bien être et de la richesse.

L'examen de ce principe dans ses différentes applications au travail et à la production formera le sujet de cette étude, qui renferme moins de théorie que d'applications, moins de raisonnements que de faits, dans lequel on a cherché à se garantir surtout de ces illusions de perfectibilité et d'utopie dont la malveillance ou les préjugés auraient pu contester les effets.

Sans doute ce procédé entraîne vers un autre écueil, la nécessité de toujours appeler à son secours les exemples, de les rechercher souvent au-delà de nos frontières, à travers les haines nationales, les préjugés ou l'ignorance ; mais que faire ? Les preuves sont-elles placées à volonté ?

Doit-on négliger de servir la vérité dans la crainte d'offenser les passions? Non, assurément, et cet obstacle devient plutôt un stimulant, car il nous force à élargir enfin nos horizons, à sortir de l'ombre de notre clocher où, si volontiers, se complaisent et s'atrophient tant des nôtres. Que nous importe que ce soit des autres nations que nous vienne le progrès, si c'est chez elles que la masse des faits a créé l'évidence et peut produire ailleurs l'utile application? Bien plus, c'est en raison même de notre rivalité avec ces nations que nous devons chercher davantage à les atteindre, à les surpasser dans tous les moyens de richesse et de puissance qu'elles peuvent employer contre nous. Mon amour pour ma patrie, disait Voltaire, ne m'a jamais fermé les yeux sur le mérite des étrangers ; au contraire, plus je me crois bon citoyen, et plus je cherche à enrichir mon pays des trésors qui ne sont pas nés dans son sein.

PREMIÈRE PARTIE

LE PRINCIPE D'ASSOCIATION DANS L'ANTIQUITÉ

CHAPITRE PREMIER

I

Chez les peuples d'Orient: Phéniciens, Chaldéens, Egyptiens.

On ne voit point dans l'histoire quel fut le point de départ, le motif initial de l'association de plusieurs individus en vue d'une tâche commune ou utilitaire à accomplir. Mais l'existence de ce principe, dès les temps les plus reculés de l'histoire, ne saurait être mise en doute, car l'homme est né sociable et il est né industrieux. Son industrie le porte à se procurer un abri ; son instinct de sociabilité le porte à rapprocher son séjour de celui de son semblable.

Sitôt que les hommes se réunissent en société les voilà bâtisseurs. L'art de la pierre est un des premiers qu'ils connaissent. Ils remuent la terre, et font des remparts ; ils taillent le bois, et font des maisons ; ils soulèvent les monolithes, et font des temples.

Mais vouloir assigner une époque certaine à ces premières manifestations des tendances sociales de l'humanité, serait œuvre purement chimérique : l'avide curiosité de nos esprits doit se borner aux vagues hypothèses qui seules peuvent nous aider à dissiper une partie des ténèbres qui nous dérobent la solution de cet intéressant problème.

Cependant une science, l'ethnographie, que l'on serait presque tenté de dire récente, tant ses progrès ont été rapides depuis quelques années, apporte, sur une partie de ce sujet des lumières toutes nouvelles.

L'absence de documents, de preuves authentiques, ou le vice des méthodes employées par l'ethnologie à leur interprétation, avaient maintenu cette branche des connaissances humaines dans un état de stagnation et d'erreurs tel, qu'il rendait impossible tous rapports entre les études ethniques et les études sociales. Mais la constitution définitive de leurs méthodes et de leurs procédés essentiels basés sur de récentes découvertes géologiques ou archéologiques, dégage cependant une série de faits qui constituent autant d'éléments à peu près certains pour nos recherches.

Un point demeure acquis : la Syrie fut le berceau des premières agglomérations humaines. Ce pays étroit, sillonné par des chaînes de montagnes hautes et épaisses, resserré entre les sables de l'Arabie et la mer, plutôt une côte qu'une province, voie naturelle de transit des produits de l'Orient et de ceux de l'Occident, arrosé par de grands fleuves poissonneux, formant une région riche et bien située, où l'agriculture pouvait s'exercer presque sans instruments, sous un climat toujours égal, était bien fait pour tenter nos premiers pères, et devenir, par suite de leur affluence, le point de bifurcation des races aryennes et sémitiques.

C'est, ici encore, une application de cette loi ethnique d'après laquelle des groupes d'hommes subsistent là où aboutissent les fleuves, ces grands chemins de l'humanité. Aussi dès l'antiquité y apparaissent des villes, qui, en vertu de ce principe, ont survécu jusqu'à nos jours.

« De ce nombre fut Damas, terre fertile, pleine de verdure, à l'entrée des déserts de la pierreuse Arabie. Aujourd'hui encore elle n'a rien perdu de cette beauté qui gagne beaucoup, peut-être, à la mise en valeur que lui donnent le voisinage et l'aridité du désert. L'impression de ces campagnes richement cultivées, de ces vergers délicieux séparés les uns des autres par des rigoles et chargés des plus beaux fruits est celle du calme et du bonheur. Vous vous croyez à peine en Orient dans ces environs de Damas, et surtout au sortir des âpres et brûlantes régions de la Gaulonitide et de l'Iturée. Ce qui remplit l'âme, c'est la joie de retrouver les travaux de l'homme et les bénédictions du ciel. Depuis l'antiquité la plus reculée, jusqu'à nos jours, toute cette zône qui entoure Damas de fraîcheur et de bien-être, n'a eu qu'un nom, n'a inspiré qu'un rêve : celui de « paradis de Dieu. » (1)

Une région aussi propice ne devait pas être sans influer sur le prompt épanouissement intellectuel des peuples qu'elle nourrissait. Autour d'un premier noyau successivement se rangèrent, alliés ou soumis, des peuples de races diverses. Au milieu de toutes ces hordes incessamment menacées par les attaques d'étrangers qui demandaient ou le passage ou la place elle-même ; au-dessus de tribus aux origines diverses et toujours prêtes à la révolte comme aux luttes intestines, les nécessités de l'existence firent sentir bientôt le besoin de défenses plus immédiates que celles offertes par la nature du terrain : il fallait des villes militaires.

Et ce fut alors que parmi les peuples d'Orient, surgirent peu à peu ces œuvres de géants, Troie, Ninive, Sodome, Babylone, Thèbes aux cent portes, qui, lorsque les hasards de la guerre aménaient l'ennemi devant elles, recevaient dans leur sein une population immense, la nourissaient, la protégeaient et permettaient d'attendre qu'une longue résistance lassât l'ennemi, ou que la fortune des combats délivrât de son étreinte. Ce fut un délire architectural que se transmirent héréditairement les peuples d'Egypte, depuis les plus reculés jusqu'aux contemporains des Grecs et que Champollion a merveilleusement caractérisé : « Je me garderai bien dans rien

(1) Renan.

écrire, dit-il, car, ou bien mes expressions ne vaudraient que la millième partie de ce que l'on doit dire en parlant de tels objets, ou bien si j'en traçais une fois l'esquisse très coloriée, je risquerai de passer pour un enthousiaste, ou peut-être même pour un fou. »

Pareilles entreprises, dont le parfait achèvement devait exiger plusieurs centaines d'années, ne purent être accomplies sans une organisation quelconque du travail. Mais nous ne pouvons en connaître encore la nature, ni le fonctionnement, car les hiéroglyphes ou papyrus, fort nombreux cependant, que nous possédons sur la classe ouvrière, sont muets sur cette question. Nous nous bornerons donc à rechercher si, parmi les travailleurs de l'époque, des groupements ont existé, soit à l'état simplement embryonnaire, soit avec certains développements. Mais il est auparavant nécessaire, nous semble-t-il, d'examiner rapidement, le rôle économique que remplirent alors les diverses classes ouvrières.

Le travail, en ces temps reculés, quoique exécuté en grande partie par le vaincu, c'est-à-dire l'esclave, au profit du vainqueur, n'était point encore considéré comme un avilissement pour celui qui s'y livrait, n'impliquait pas une *deminutio capitis*, et par suite, n'était point devenu le propre de l'esclavage, comme il en adviendra plus tard; sous l'influence de diverses causes que nous ne pouvons étudier ici.

Sans doute des castes s'étaient formées déjà ; les fonctionnaires et les guerriers qui les composaient

affectaient un profond mépris pour les œuvres serviles. Ce préjugé sera, d'ailleurs, de tous les temps,
de tous les régimes ; aujourd'hui même, une fausse
aristocratie lui doit encore un de ses plus ridicules et
plus dangereux travers. Cependant la direction de la
chose publique, la gestion des fonctions administratives ne sont-elles pas, dans une certaine mesure, incom-
patibles avec l'exercice de travaux manuels qui fatiguant le corps, alourdissent l'esprit et le matériali-
sent ? La république athénienne aurait-elle obtenu
cette auréole de gloire, dont resplendit son passé, si
la masse des citoyens, abandonnant aux esclaves le
soin de ses travaux et de ses métiers, ne s'était
constamment maintenue dans une sphère d'activité
supérieure et d'indépendance qui facilitaient singu-
lièrement l'administration de ses affaires ?

Les Egyptiens possédaient un grand nombre de
corps de métiers comprenant des hommes de classe
inférieure, mais libres. Ce principe ressort très clairement, d'ailleurs, du document suivant que nous
empruntons au remarquable ouvrage de M. Loret,
« *l'Egypte au temps des Pharaons.* » Cette traduction
d'un papyrus conservé au British Museum retrace
le tableau de l'existence des ouvriers à cette époque,
sous forme d'une lettre qu'un scribe adresse à son
fils indécis sur le choix d'une carrière. A travers certaines exagérations voulues par ce père trop dési-
reux de transmettre ses calames et ses tablettes à
son fils, on sent la triste vérité percer au fond de

ces tableaux dont plusieurs sont encore bien modernes.

« Le forgeron, il vit respirant à peine à la gueule d'une fournaise. Ses mains sont comme en peau de crocodile, et il exhale de partout une odeur affreuse d'œufs de poissons.

« Le boulanger, après avoir pétri la pâte, il met ses pains au feu. Tandis qu'il a la tête dans le four, un enfant le tient par les jambes, et il suffit que sa main vienne à manquer, pour que le pétrisseur tombe au milieu des flammes.

« Le tailleur de pierre, il cherche de tout côté du travail en toutes sortes de minéraux incassables. Quand il a bien travaillé et que ses bras sont rompus, il tombe accablé jusqu'au lever du soleil les genoux et l'échine brisés.

« Le barbier, il rase jusqu'à la nuit. C'est seulement quand il mange qu'il peut s'appuyer un moment sur les coudes. Il va de rue en rue, de maison en maison, cherchant la pratique et se lasse les bras pour emplir son ventre, telle une abeille qui n'a d'autre nourriture que celle qu'elle produit.

« Le batelier, il descend jusqu'à la mer pour gagner son pain. Quand ses bras n'en peuvent plus à force d'avoir ramé, qu'il a été dévoré par les moucherons et les moustiques et qu'il a peiné sa peine du matin au soir, il revoit pour un seul instant sa maison et son jardinet. A peine est-il arrivé qu'il lui faut s'en retourner en hâte.

« L'agriculteur, il passe sa vie au milieu des bestiaux, il s'épuise pour ses légumes et ses pourceaux, cuisinant en pleins champs et couvert de grossiers et lourds vêtements. A l'air il souffre, chez lui il étouffe. Il est retenu au sol comme par une entrave et s'il essaie de s'en dégager et de se reposer un peu à la maison, on le bat et son maître le chasse.

« Le tisserand, il va travailler en journées et sa condition est des plus tristes. Ses genoux sont éternellement repliés jusqu'à sa poitrine. Il ne goûte pas l'air extérieur. Si un seul jour il lui arrive de fournir une quantité trop faible de tissus, il est lié comme on lie en bottes, au bord des marais, les tiges des papyrus. Ce n'est qu'en donnant des pains au portier qu'il peut voir la lumière du jour.

« Le blanchisseur, il reste accroupi sur la berge du quai, dans le voisinage constant des crocodiles. Sa main n'arrête pas de plonger dans les eaux sales et grasses.

« Le courrier, il lègue ses biens à ses enfants chaque fois qu'il se met en route, tant le poursuivent la crainte des bêtes sauvages et la terreur des Asiatiques. Rentré en Egypte il va chez lui, mais à peine arrivé il doit songer à repartir. Son intérieur pauvre le chagrine, il est presque heureux de s'en aller encore.

« Le maçon, il est sujet à toute espèce de maladie. Il est exposé aux vents brûlants, attaché aux encorbellements des maisons où il badigeonne, en guise d'ornements, des fleurs de nénuphar, Ses bras s'usent au travail, ses vêtements sont en loques. Il vit dans la boue et se lave à peine une fois par jour. Il est comme une pièce d'échiquier que le hasard promène de quartier en quartier, toujours suspendu à des poutres, aux terrasses élevées des constructions où il accompli son pénible travail. Quand il a gagné son pain il rentre à la maison et bat ses enfants.

« Mais celui qui s'occupe d'écrire et qui s'est exercé à cet art, est au-dessus de tous les puissants de la ville et de tous les courtisans du palais. Il est délivré de toute tâche servile, débarrassé de tous travaux manuels et peut mépriser houe et charrue. Il porte la palette et peut regarder de haut qui manie la rame. Il ne connaît pas la misère, n'a pas de maîtres violents et ignore les supérieurs nombreux. L'artisan, celui qui fait des besognes journalières, ne domine pas, n'inspire point le respect. Simple ouvrier, il est le serviteur de ceux qui sont placés plus haut que lui. Il n'a devant lui que des occupations désagréables, sans esclave qui lui apporte son eau, sans femme qui lui prépare son pain. Le scribe, lui, prime tout. La déesse de l'abondance est sa compagne inséparable dès le jour de sa naissance. »

Cette conclusion d'une partialité naïve, montre à quel degré l'esprit de corps était développé déjà, chez les artisans ; car, hélas, non plus que les précédents, le métier de scribe, n'était fort enviable. Chez lui aussi, le bâton jouait un grand rôle : une erreur d'addition, une faute d'orthographe, une instruction mal comprise et les coups allaient leur train. Mais l'Egyptien était essentiellement résigné ;

ce fut le criterium de la philosophie de ce peuple : c'est encore un des traits de son caractère.

Divers documents, peintures ou inscriptions, viennent de nouveau confirmer cette idée de la liberté du travail. Les rois eux-mêmes ne dédaignaient point de diriger en personne l'exécution de leurs gigantesques projets. C'est ainsi que certains bas-reliefs de Khorsabad représentent un pharaon qui, tour à tour, architecte et contre-maître, surveille sur le chantier une multitude d'ouvriers qui pétrissent l'argile, façonnent la brique et la transportent sur leurs épaules.

D'autres part, l'armée se repose des fatigues de la guerre, en prêtant son concours aux embellissements des diverses villes de leur royaume, ainsi que le prouve clairement cette inscription rencontrée dans les ruines de Ninive et gravée d'après les ordres de Sennachérib, roi d'Assyrie : «...Puis je dis : Ninive est la ville de ma royauté, j'en ai renouvelé les demeures, restauré les rues. J'ai fait l'enceinte et les boulevards en entier, et j'en ai fait mention dans les inscriptions ; *à plusieurs reprises j'ai employé les journées de mon armée royale à faire transporter les tables des carrières...*»

Comment supposer que dans cette multitude de travailleurs, carriers, briquetiers, tailleurs de pierre, maçons et autres, sans compter l'œuvre des architectes, peintres, dessinateurs ou graveurs, il n'exista aucune discipline professionnelle, aucune hiérarchie de patron à ouvrier ? Pour parvenir à ce degré de grandiose et de fini que nous offrent les monuments de l'époque, pour créer cet art égyptien qui fut égalé depuis, peut-être, mais rarement surpassé, il fallut de longues années d'études, d'apprentissage, une patiente formation intellectuelle, que seules pouvaient produire les leçons de maîtres experts, l'émulation entre les ouvriers d'une même profession. Il fallut enfin, d'une façon plus rudimentaire peut-être, quelque chose de cette organisation ouvrière que nous retrouverons à Rome, au Moyen-Age, et qui toujours avec tant de bonheur et de succès, permit aux artistes des générations suivantes de recevoir intactes et de transmettre perfectionnées encore, ces théories, cet idéal artistique, fruits des longues études de leurs devanciers.

Parallèlement aux divers corps de métiers, aux ouvriers d'art que l'Egypte recrutait et instruisait à grands frais, la masse des vaincus, la plèbe des travailleurs était employée aux dures corvées des transports, sans autre organisation que celle nécessitée par le maintien de l'ordre et de la discipline parmi des milliers de travailleurs que la force des armes contraignait à supporter le joug. Mais c'est une erreur assez commune de croire que ces esclaves seuls édifièrent ces monuments, immuables témoins de la gloire, ou plutôt de la tyrannie des pharaons. Ils ne furent que la force brutale, mécanique, employée aux plus dures besognes : ils déblayèrent le champ, ouvrirent les tranchées, transportèrent les matériaux, travaillèrent, en un mot, comme le font aujourd'hui les forçats dans nos bagnes. Il serait inutile, croyons-nous, de rechercher dans la foule de ces malheureux aucune organisation professionnelle : des surveillants, chefs de corvée, dirigeant les travaux, et au-dessous d'eux, une classe uniforme de travailleurs, presque des bêtes de somme.

Qu'il s'agisse des Chaldéens, des Assyriens, des Perses, des Hétéens, nous retrouvons partout une école nationale, une facture particulière, qui démontrent bien que chaque corps de métier puisait à une même source ses inspirations artistiques. Nulle part on ne ressent davantage cette impression *d'école*, que dans les œuvres de cette époque : sculpteurs, orfèvres, peintres, ouvriers sur métaux, tous conservent ces mêmes détails, cette caractéristique, qui en sont en quelque sorte le sceau.

Ne pourrait-on même, à ce sujet, adresser quelquefois aux ouvriers des pays d'Orient en général, le même reproche qui, trente siècles plus tard, devait s'appliquer aux dernières corporations ? Trop de routine et de théories surannées n'entraient-elles pas dans leurs œuvres ? Ils avaient des modèles qui, composés par le maître, devaient être copiés sans relâche par les élèves jusqu'à ce qu'ils fussent parvenus à les reproduire exactement. On retrouve souvent sur les monuments eux-mêmes, à Kom-Ombo, à Karnak, à Médinet-Habou, par exemple, les traces de corrections apportées par l'artiste au travail des apprentis.

Ces constatations n'impliqueraient, il est vrai,
que de simples rapports de maître à ouvrier, mais
n'en pourrait-on induire que, peu à peu, durant les
longues périodes de paix, d'agriculture — ces relations
ayant pris une forme nouvelle — il se créa une hiérarchie du travail avec ses lois et ses statuts ? Les
avantages de l'association sont trop évidents, ses
bienfaits s'imposent à l'esprit humain avec une telle
clarté, qu'il est inadmissible que des populations
laborieuses et policées, comme l'étaient celles de
l'Egypte, aient pû se soustraire à cette loi générale.

Certains auteurs se sont vivement élevés contre
cette théorie dont l'absolu despotisme des pharaons
leur paraît avoir paralysé l'application. La syntèse
de leur raisonnement qui nous est fournie par
M. Worms, un des écrivains les plus autorisés sur
cette matière, est celle-ci :

En Egypte, comme dans la plupart des Etats à
régime despotique, « toute tentative de concentrer
des forces individuelles sèmerait l'alarme dans les
régions du pouvoir. Aussi l'association est-elle frappée de mort dans toutes les directions, puisque
dans toutes les directions, elle pourrait être tentée
d'arrêter la marche de l'arbitraire qui, obéissant à
sa loi, désirerait ne rencontrer de frein nulle part,»
Sans vouloir engager une controverse sur l'autorité
de ce principe, nous ne pouvons admettre qu'il soit
applicable aux Etats égyptiens. La légende est entrée pour une trop large part, en effet, dans l'his-

toire économique de ce pays que l'on représentait
volontiers constamment prosterné devant la toute-
puissance du roi, sorte de demi-dieu, faisant
ployer sous sa main de fer tout un peuple dont
l'existence se confondait avec la sienne propre. Évidemment, on ne saurait établir ici une comparaison
quelconque avec le régime démocratique de la république athénienne, que nous étudierons bientôt ;
mais on peut affirmer que le pouvoir royal fut souvent animé dans son gouvernement, comme dans sa
politique, d'un esprit beaucoup plus libéral que ne
porteraient à le croire certains écrits, dont le fond
se ressent davantage du roman que de l'histoire,

Les études si documentées et si approfondies de
Robiou, Jomond, Leehmann, ont heureusement ré-
tabli la vérité des faits et montrent au contraire la
vigilance du roi s'exerçant avec soin sur les moindres détails d'une administration sage et prospère.
Tantôt, en effet, de nouvelles garanties légales sont
apportées à la protection des propriétés (1) ; tantôt
des prêts sur le trésor royal sont consentis aux laboureurs indigents (2) ; des hommes valides que l'on
dispense du service militaire se chargent de l'entretien des propriétés délaissées (3) ; ailleurs ce sont
encore de sévères instructions adressées à un stratège des nomes, chargé de veiller à la bonne exécu-

(1) Papyrus ptolémaïques — Louvre — Pap. 63, col. 1.
(2) Pap. 63, col. 6, l. 163.
(3) Col. 6, init.

tion des semailles ; si des terrains demeurent improductifs, les troupes de ces cantons doivent les mettre en valeur (1).

On pourrait multiplier ainsi les exemples sur ces menus détails de gouvernement qui, tous, contribuent à faire apparaître l'état politique et économique des Egyptiens sous son véritable jour.

Le despotisme et la tyrannie auraient-ils pu, d'ailleurs, amener l'Egypte à ce point de prospérité qu'elle sût conserver pendant une si grande partie de l'antiquité ? Le roi n'aurait-il point trouvé, en outre, dans l'organisation sociale même de ses Etats, un modérateur puissant à ses ambitieuses volontés ? L'esprit d'association, mais il éclate à chaque pas dans cette foule de castes, parfaitement distinctes les unes des autres, avec leur hiérarchie, leurs rites et leurs privilèges particuliers ! Les prêtres opposaient enfin à la tyrannie un obstacle plus formidable encore que le précédent, par le pouvoir moral, d'abord, que leur octroyait sur le peuple, l'idée d'un perpétuel contact avec la divinité, par leurs immenses domaines ensuite, dont l'étendue couvrait un quart du territoire (2), et qui leur concédaient à la fois richesses et privilèges.

C'est ainsi que, depuis de longues années (3), les prêtres de Bacchus avaient, parmi de nombreuses faveurs, celle de l'entreprise des monuments de

(1 Col. 1 l. 20-27.
(2) Diodore, I, LXXIII.
(3) Vers 650, av. J.-C.

pierre. Nous ne rechercherons point l'origine ni les traditions se rapportant à ce fait, que nous retrouverons plus tard d'ailleurs, en Grèce, en même temps que ce culte. Mais nous remarquerons cependant que cet usage donne lieu à la formation de confréries mi-religieuses, mi-civiles, auxquelles des faveurs royales, en rapport avec les services rendus, furent largement accordées (1). Serait-il maintenant téméraire de penser que plusieurs collèges de prêtres avaient, comme celui du culte de Bacchus, des attributions spéciales donnant lieu, elles aussi, à certaines associations de travailleurs soumis à une réglementation spéciale ?

Chaque catégorie de citoyens, chaque corps de métier étaient, en outre, voués à une divinité particulière, observaient ses fêtes, se réunissaient dans son temple. Ne trouvons-nous pas ici matière à un curieux rapprochement avec les coutumes de nos confréries du moyen-âge, et la même transformation qui devait les convertir en corporations purement ouvrières, ne s'était-elle pas opérée une première fois déjà durant la période qui nous occupe ? Bien souvent, en effet, les bas-reliefs ou les papyrus, seuls monuments historiques parvenus jusqu'à nous, représentent quelques-unes de ces manifestations religieuses où chaque figurant arbore, comme symbole les signes distinctifs de sa profession. La fréquente répétition de ces motifs et la singulière facilité avec laquelle le génie des artistes se complait à les dé-

(1) Hérodote, Strabon, Théodore de Sicile.

crire dans leurs moindres détails, sont bien faits pour attirer l'attention et montrer l'importance de ces actes dans la vie ouvrière.

Si nous sommes pauvres de détails sur le fonctionnement intérieur des associations ouvrières, par contre, très précis sont les documents en notre possession, sur les collèges de prêtres. Nous y trouvons avec surprise, quant à leurs éléments essentiels, une foule de rapports, de règles qui deviendront plus tard celles des corporations de métier. Comme elles, ces collèges comprennent trois catégories de personnes, trois classes : les initiés, simples postulants ou apprentis, si on peut user de ce terme ; les prêtres d'ordres inférieurs, chargés des soins courants de l'exercice du sacerdoce, entretien du temple, sa décoration : puis au dernier degré, les grands dignitaires ou sacrificateurs, avec tous les privilèges attachés à leur fonction. L'un d'eux, le plus intéressant pour nous, exonérait leurs fils de certaines épreuves nécessaires pour parvenir à cette haute dignité... Si l'on songe que, dans la suite des temps, l'obtention du brevet de maîtrise, sera elle aussi, facilitée aux fils de maîtres ; que pareille gradation se trouvera dans les confréries ouvrières, on ne pourra se défendre d'un étonnement bien légitime, devant un rapprochement de faits si lointains et et des similitudes aussi imprévues.

Enfin les lois sociales de l'Egypte antique portaient, elles aussi, le peuple des travailleurs à chercher entre eux un mutuel appui. Aux agriculteurs, artisans et commerçants il était interdit d'abandonner leur condition pour empiéter, par exemple, sur celles plus enviées des guerriers et des prêtres, tandis que ces derniers étaient eux-mêmes confinés en leurs fonctions. Ces barrières que, ni l'intelligence, ni le talent ne pouvaient aider à franchir, créèrent à la longue entre les diverses castes, une rivalité sourde que l'autocratie royale ne parvint pas toujours à dominer. Aux époques de crises dynastiques, de guerres malheureuses, les esprits s'agitaient, rêvant d'émancipation, et il y a vingt-quatre siècles, des rives du Nil à celle de l'Euphrate, la question sociale se posait déjà !

II

Chez les Hébreux.

Si nous passons des Égyptiens, proprement dit, aux Hébreux, nous retrouvons, grâce à la Bible, quelques indications sommaires sur les conditions dans lesquelles s'exerçait alors le travail dans cette importante tribu. Quoique très vagues, elles nous fournissent non plus de simples rapprochements fortuits, mais bien une série de faits, d'usages, une filiation tenace et ininterrompue, que les mœurs israélites ont conservée jusqu'à nos jours. Les noms ont changé, suivant le courant des peuples, mais la tradition est demeurée intacte.

N'espérons point cependant trouver ici de nombreux matériaux, propres à enrichir notre étude. Les Juifs étaient, alors, plus enclins aux travaux de la guerre, qu'à ceux des champs et de l'industrie : les pages de l'Ancien Testament redisent les glorieux faits d'armes dont s'illustra cette tribu. Mais de telles vicissitudes ne devaient être que fort peu favorables à la prospérité ouvrière ; aussi leur vie économique fut-elle longtemps plongée dans l'enfance. Se bornant au rôle lucratif d'intermédiaires, livrant leur territoire moins à la production qu'au trafic, les Hébreux n'eurent jamais un mouvement ouvrier fort développé ; seule, la transformation politique, qui, au pouvoir des rois, substitua celui des juges, introduisit parmi cette nation, jusques-là d'une si rigide frugalité, le faste et les produits du dehors.

Le premier document que contient l'Ecriture au sujet de la classe laborieuse, est le dénombrement des ouvriers employés à l'édification du temple de Salomon (1). L'aridité de cette énumération laisse bien entrevoir une certaine hiérarchie, qui correspond, à peu près, à celle de maîtres de chantier, contremaîtres et hommes de peine, mais rien n'indique suffisamment ici une idée quelconque de corporations entre ouvriers de même nature (2).

(1) C'est aussi le plus ancien document connu sur le Travail, en général.

(2) La franc-maçonnerie place son apparition à l'époque de la construction du temple de Salomon, mais il est généralement admis, et beaucoup plus vraisemblable, qu'elle ne fût qu'un perfectionnement de la ghilde germanique.

Ailleurs les textes sont plus explicites et révèlent l'existence d'une association ouvrière ou « *semné* » ayant pour but de procurer aux ouvriers étrangers ou non, mais affiliés, toutes facilités possibles pour l'exercice de leur profession (1). Aux nouveaux venus, elle donnait les renseignements nécessaires, à tous elle fournissait du travail.

L'existence d'une semblable corporation ayant un caractère et un but philanthropiques si nettement définis, ne peut que nous faire regretter davantage l'obscurité dans laquelle demeure plongée cette partie si intéressante de l'histoire israélite.

Il est cependant assez curieux, de noter un détail de l'organisation sociale chez les Juifs, qui établit un important rapprochement avec le système des castes que l'on retrouve encore aujourd'hui dans les Indes. Parmi la population ouvrière deux professions étaient tenues en une particulière horreur et formaient le misérable corps des « parias. » C'étaient d'abord les pasteurs nomades, que représentaient les Arabes et leurs fréquentes incursions, toujours suivies de pillage ; les porchers ensuite, que l'on regardait comme impurs, à cause de l'animal qu'ils élevaient ou employaient à plusieurs usages. On évitait toute alliance avec eux, et l'accès des temples leur était interdit.

(1) Actuellement encore on retrouve dans les quartiers ouvriers des grandes villes certaines officines tenues par les « *mères des compagnons* », qui remplissent à peu près le même rôle. Certaines sont exclusivement israélites.

D'une façon générale, d'ailleurs, la classe ouvrière, chez les Juifs, comme dans la généralité de l'Egypte, n'était jamais admise à participer aux fonctions publiques. Ces honneurs étaient réservés à certaines classes et devenaient chez elles héréditaires.

Ceci est un fait social qui se produit universellement chez les peuples, lorsque sous l'influence d'une longue ère de paix, ils parviennent à un certain degré de civilisation. La théorie primitive du vainqueur et du vaincu, du maître et de l'esclave, se modifie en s'adoucissant, puis l'idée de l'obligation au travail par une seule classe, devient avec les progrès de la morale, un préjugé qui, au sein des nations même les mieux policées, demeure indéracinable et préside à la formation des castes. L'Egypte et l'Inde offrent un très curieux exemple de ce type de société, généralement composé dans l'ordre-suivant :

Les guerriers et les prêtres, seuls admis aux fonctions publiques ;

Les fabricants et les marchands ;

Les artisans, placés sous la dépendance des précédents ;

Les parias, êtres déclassés par naissance, mésalliance, condamnation, trahison ou forfaiture, ou simplement encore dégénérés. Cette dernière caste n'est en somme qu'une modification de l'esclavage *primitif*.

Telle est, rapidement parcourue, la vague histoire des classes laborieuses et de leurs associations dans l'antique Orient. Comme on le voit, c'est, pour la majeure part, en se basant sur un système de probabilités soutenu par les quelques documents parvenus jusqu'à nous, que l'on arrive à reconstituer bien imparfaitement quelque chose de ce qui dût être une vie ouvrière si intense et si féconde. Il faut, pour parvenir à un résultat satisfaisant, que la science poursuive encore ses études avec la sûreté de méthode qu'elle emploie maintenant, et en suivant la voie où elle est lancée désormais.

CHAPITRE II

I

Du peuple grec

Alors que les royaumes d'Egypte et d'Assyrie comptaient déjà de longs siècles de prospérité, les peuplades de la Grèce n'étaient point encore sorties des phases primitives de la civilisation : elles n'avaient pas d'histoire. Ce furent les premières relations commerciales nouées avec l'Orient qui donnèrent naissance à la vie ouvrière et artistique. Les Phéniciens en furent les instigateurs et les agents, au moyen des comptoirs ou « emporia » qu'ils échelonnèrent sur les îles de la mer Egée et le long des côtes du Péloponèse. Sous leur influence, l'art grec s'éveille, puis traverse une longue période d'initiation jusqu'au moment où il entre résolument dans sa vie originale.

Jusqu'à cette époque, chacun recherche en ses propres ressources la satisfaction de ses besoins. L'activité sociale n'étant point encore créée, l'union des forces et des intelligences vers un but commun demeure inutile.

Cependant, un trait de mœurs particulier à la Grèce se dégage peu à peu et lentement modifie les traditions d'outre-mer, transmises par les importateurs phéniciens ou égyptiens. Cette idée, dont l'influence pèsera si fortement sur la classe ouvrière, et d'où naîtront tant de révolutions et de crises, est l'importance, toujours plus grande, que prend dans la vie du citoyen, l'administration de la chose publique ; par elle sont absorbées toutes les forces vives de la nation au profit du rôle industriel et domestique de l'esclave, dont le sort s'améliore et l'importance augmente. De serviteur infirme, il devient artisan, puis négociant pour le compte de son maître, dont il édifie encore la demeure, éduque les enfants, tisse les vêtements : il pourvoit, en un mot, à tous les besoins de la vie végétative. Les hommes libres se déchargent sur lui, pour la plupart, des soucis de ce dernier ordre. Et cette coutume de confier les intérêts matériels de la cité aux mains des ilôtes et des métèques, c'est-à-dire de gens sans droits propres et sans initiative, empêchera toujours à elle seule, l'association de ces intérêts de pousser des racines vigoureuses et nombreuses sur le sol grec.

D'autre part, le culte des arts était passablement absorbant et exclusif. Dans le champ de l'imagination, l'individualisme triomphe nécessairement, chacun éprouvant des sensations diverses et les rendant à sa façon. Le concert, la collaboration n'y sont possibles que dans d'étroites limites, il faut y laisser chacun s'envoler sur les ailes de son imagination propre. L'association peut s'emparer des travaux vulgaires et à la portée de tous, elle ne saurait être utilisée à la recherche de l'idéal. « Ceux qui ont illustré le monde grec par les arts, les sciences et les lettres, les Homères, les Démosthène, les Praxitèle, les Phidias, étaient des génies, et les génies ne s'accouplent ni ne s'embrigadent ; car, outre qu'ils ne foissonnent pas, ils ne s'accommodent que des voies solitaires, comme c'est d'ailleurs aussi le cas des hommes qui, sans être doués de capacités exceptionnelles, sont torturés par la noble passion du vrai et du beau » (1).

Sans doute une nation ne peut s'en tenir aux seuls produits du cerveau, il lui en faut de plus matériels, dont l'acquisition, la répartition et la consommation nécessitent une activité économique plus ou moins soutenue. Peu de pays d'ailleurs, dans l'antiquité, n'ont offert plus que la Grèce, des conditions physiques favorables à la production agricole et industrielle, ainsi qu'aux relations commerciales.

Tandis que sur son territoire, abondaient les céréales et les fruits les plus divers, produits de ces nombreuses vallées où, maintes rivières apportaient la fraîcheur, et la fertilité, ses côtes, parsemées de golfes et d'îlots, formaient une multitude de ports naturels et sûrs que la marine marchande ne tarda pas à utiliser. Ces avantages, si largement distribués par la nature, furent d'ailleurs mis à profit avec tant de bonheur et de sagesse, qu'Athènes bientôt,

(1) Worms.

devenue le centre principal du commerce dans la Méditerranée, faisait dire à Xénophon : « Où donc ceux qui veulent acheter ou vendre quoi que ce soit s'adresseraient-ils mieux qu'à Athènes ? ».

Cependant l'association, dictée par des sentiments d'intérêt privé, ne pût jamais jouir en Grèce d'une fortune bien brillante, car « partout, même dans la République la plus libre, celle d'Athènes, le plus pauvre, comme le plus riche citoyen était convaincu que l'Etat avait des droits sur la totalité des propriétés particulières. Toute restriction, apportée à l'usage de ces propriétés et amenée par les circonstances, paraissait juste. Elle ne pouvait être regardée comme un préjudice, que, depuis que l'on a fait de la sûreté des personnes et des propriétés le seul but du gouvernement, ce qui n'entra jamais dans la pensée des anciens » (1).

C'est pour ainsi dire corps et biens que le citoyen appartenait à l'Etat, auquel il sacrifiait la plus grande partie de sa vie et quelquefois aussi de sa fortune, en prenant part aux jeux publics, aux élections, aux délibérations, ou, suivant les décisions du sort et du scrutin, en remplissant les fonctions de magistrat, dans la tribu ou la cité, d'Archonte, de Stratège, d'Héliaste, de membre du Sénat, et de bien d'autres encore. Aussi rien n'est-il juste comme l'observation d'Aristote. d'après lequel l'homme qui avait besoin de travailler pour vivre, ne pouvait pas être citoyen.

(1) Bœckh.

Cette inégalité sociale, cet avilissement fatal, furent, en effet, le ferment d'où levèrent toutes les révolutions, le motif des incessantes revendications de la classe pauvre. Le peuple voulait être citoyen et pour conquérir ce titre si convoité, il s'affranchit d'abord de la noblesse sacerdotale, dont la supériorité religieuse avait longtemps contenu ses ambitieuses passions et lui substitua la classe riche.

Mais la série des révolutions, une fois commencée, s'arrête difficilement : les vieux principes étant renversés il n'existait plus de traditions ni de règles fixes ; il règne un vague sentiment de l'instabilité des choses, qui fait qu'aucune constitution n'est coupable de durer bien longtemps. D'ailleurs la richesse en impose peu au peuple : elle excite son envie et non pas son respect.

L'inégalité politique, basée sur la différence des fortunes, parut une iniquité : le nouveau pouvoir fut renversé comme l'avait été l'ancien. C'est ainsi, qu'à divers intervalles, se succédèrent les révolutions, suivant que la fortune reposant, soit sur la possession du sol, soit sur les incertitudes et les gains rapides du commerce ou de l'industrie, éveillait plus tôt les convoitises et les espérances des classes inférieures.

Des guerres nombreuses vinrent enfin parfaire ce nivellement social et donner à la plèbe, en même temps que des armes, l'importance que les constitutions lui avaient toujours refusée. Devenue un des membres les plus puissants de la grande famille militaire, tenant entre ses mains le salut de la patrie, elle voulut traiter de pair avec ses oppresseurs ; le gain de communes victoires renversa les dernières barrières que l'aristocratie avait élevées entre elle et les déshérités de la fortune.

Tout conduisait donc dès lors à la démocratie. Mais, hélas ! l'égalité des droits, loin d'amener avec elle l'égalité des intérêts, rendit au contraire plus sensible et plus cuisante la disproportion des fortunes. Le riche et le pauvre, citoyens égaux en droits politiques, furent cependant, dans chaque cité, deux ennemis vivant côte à côte dans une crainte ou une convoitise perpétuelle.

Seul, le Travail, par un libre échange d'efforts et de richesses qui, tout en stimulant l'intelligence et l'activité de l'homme, eut créé une nouvelle vie économique, offrait un refuge sûr, où les classes élevées auraient aidé le pauvre à sortir honorablement de sa misère et de son abjection. Des hommes de cœur, vrais démophiles, s'employèrent au triomphe de cette idée ; mais leurs efforts demeurèrent vains, car, outre le manque absolu de commerce et d'industrie dont souffraient de nombreuses cités, un préjugé, plus fort que la misère, éloignait à jamais le *citoyen* grec de tout travail manuel. Rarement, il se trouvait dans la nécessité de remplir auprès des autres une fonction humiliante. L'indépendance était, à ses yeux, indispensable au développement de la vertu civique, vertu qui différait essentiellement de celle qu'on pouvait s'attendre à rencontrer chez un esclave ou un manœuvre. La classe laborieuse n'était pour lui, suivant Xénophon, « qu'une vile multitude, un amas confus de foulons, de cordonniers, de maçons, de chaudronniers, de brocanteurs et de petits marchands, parmi lesquels il n'y a que désordre et méchanceté. »

On ne trouve dans toute la Grèce qu'une seule exception, une dérogation passagère à cette loi générale, et c'est la population sage et intelligente d'Athènes qui la fournit. Loin de mépriser le Travail, elle l'avait encouragé et rendu honorable. Solon avait prescrit que, tout homme qui n'aurait pas un métier fut privé des droits politiques. Périclès avait voulu qu'aucun esclave ne mit la main à la construction des grands monuments qu'il élevait, et il avait réservé tout ce travail aux hommes libres (1).

Mais ce n'est là qu'un exemple fortuit, une velléité de progrès social, bientôt réprimée, laissant subsister après elle la misère et l'avilissement de l'ouvrier, que, seule, la morale du Christ devait régénérer.

Il ne faudrait point conclure, de ce rapide examen de l'état des classes laborieuses en Grèce, à la négation des associations de travailleurs. Ce serait méconnaître cette grande loi économique d'après laquelle on retrouve ce principe chez la majorité des peuples. Certes, le milieu social, les constitu-

(1) Denys d'Halic, *De Lysia*, 32.

tions politiques ont sur lui une influence essentielle, mais quelle que soit l'aridité du terrain, il trouve toujours une parcelle féconde où pousse ses racines.

Les transactions commerciales ne peuvent exister entre les diverses nations sans amener à la longue l'échange de quelques-uns de leurs cultes. Les dieux et certaines déesses surtout, furent alors un des articles d'exportation le plus favorablement et le plus universellement accueillis. Ce fut ainsi que le culte de Bacchus passa de l'Egypte en Grèce et avec lui les associations ouvrières auxquelles il avait donné naissance; mais à peine l'histoire en fait-elle mention, probablement parce que la nouvelle patrie n'ayant point maintenu à ces confréries leurs antiques privilèges, elles durent se confondre bientôt avec les autres corps de métier. Quelques lois de Solon, concernant les tailleurs de pierre, tendent, en effet, à faire revivre leurs anciens usages ; elles forment, avec une législation spéciale, qui permettait aux bateliers (1) de se donner des règlements et de favoriser l'exercice de leur profession, les seuls documents que l'on retrouve en Grèce sur les associations *ouvrières*.

Les recherches deviennent plus fructueuses dans une autre sphère qui fut des plus familières aux anciens. « Qu'était-ce, en effet, que la cité, dit

____

(1) Ces bateliers formaient plutôt une corporation de pirates. En leur reconnaissant une existence légale, Solon sacrifiait à l'esprit du temps, qui admettait la piraterie comme une des formes ordinaires du commerce maritime.

M. Worms, sinon une confédération de plusieurs
groupes constitués avant elle et qu'elle laissait subsister? C'est ainsi que chaque Athénien faisait partie de quatre associations distinctes, car il était
membre d'une famille, d'une phratrie, d'une tribu
et d'une cité.

A la base de la cité, il y avait comme cellule fon-
damentale, pour ainsi dire, le groupe de la famille
avec ses diverses branches, son foyer, ses rites, ses
dieux, ses clients, ses serviteurs plus ou moins
nombreux.

La réunion de plusieurs familles formait, sous le
nom de phratrie, un second groupe placé sous l'é-
gide de divinités communes, auxquelles étaient
offerts des sacrifices accompagnés de repas pris en
commun devant l'autel du dieu de la phratrie.

A son tour, la tribu formait une association du
troisième degré, en réunissant en un faisceau un
certain nombre de phraties; elle élevait un autel à
sa divinité tutélaire en faisant choix, le plus souvent
pour cet honneur, d'un héros ou d'un ancêtre dont
elle tirait le nom.

Et c'est l'union des tribus qui constituait enfin
les bourgades et les cités. Le jeune homme, de seize
à dix-huit ans, y entre en prêtant devant l'autel de
leur dieu, également distinct, le serment de respec-
ter la religion et les lois, comme il était entré dans
la famille par sa naissance et la cérémonie qui intervenait dix jours après; dans la phratrie, par la
présentation que le père faisait de son fils en attes-

tant de la légitimité de sa naissance devant l'autel du dieu de la phratie, et dans la tribu par des cérémonies d'une autre nature.

Ce mouvement, non pas d'incorporation, mais d'adjonction, se propageant, on voit des cités, au nombre de quatre, cinq, six, donner naissance, par leur rapprochement, à la peuplade qui adopte une divinité à elle et un feu sacré, sans préjudice des cultes particuliers qui toujours survivent. En même temps, d'ailleurs, que chaque élément social, chaque canton garde son culte propre, au-dessous du culte qui est commun à tous ; il conserve aussi son organisation politique, ses chefs, ses magistrats, ses assemblées.

II

Des associations en Grèce

Grâce à la force d'expansion inhérente à une idée juste, il devait fatalement arriver qu'à l'association des bourgs succéderait l'union des peuplades elles-mêmes. La Grèce ne nous montre-t-elle pas, sous ce rapport, la confédération amphyctionique dotée de ses divinités spéciales et supérieures, et réunissant au printemps, à Delphes, pour ses fêtes religieuses, les délégués des douze peuples grecs ?... »

C'était un acheminement ; mais l'association n'existait encore qu'à l'état de nature, sans permettre à la liberté individuelle et surtout à l'initiative privée de lui donner les développements dont elle était susceptible. La coopération, telle que nous l'entendons aujourd'hui, demeurait inconnue.

Il devait cependant appartenir au peuple grec, et, plus spécialement aux Athéniens, de doter la civilisation de ce perfectionnement social, de créer, en un mot, la *mutualité*.

Son origine fut des plus humbles et même futile. Comme pour la plupart des associations à cette époque et dans les périodes suivantes, des festins, des cérémonies religieuses qui, à certaines dates réunissaient les membres d'une même caste, furent par les soins et le travail d'organisation que nécessitaient ces réjouissances le lien, très vague, qui unit les premiers membres de l'ἔρανος (1).

La prospérité de ces réunions devenues fréquentes conduisit insensiblement à la création de diverses charges et à l'élaboration d'un règlement. « Bientôt même on voulut un local particulier, un temple le plus souvent, pour y tenir les assemblées générale, des rapports d'amitié s'établirent entre personnes habituées à se voir chaque jour, et dans un milieu si bien préparé, l'idée mutuelle naquit spontanément et pour ainsi dire à l'insu de tous ».

De même que les réjouissances primitives, les

(1) Nous avons emprunté les détails qui vont suivre à l'étude très documentée que fait sur ce sujet M. Sérullaz dans son intéressant ouvrage sur « Les Sociétés de secours mutuels ».

réunions nouvelles furent, bien rare exception, essentiellement démocratiques ; pauvres et riches, libres ou esclaves, se trouvèrent, pour la première fois peut-être, confondus en une même association. Ainsi le peuple, en ce qu'il avait de plus humble et de plus misérable, prenait en main, déjà, l'accomplissement de ces réformes sociales, qui, trop peu souvent dans l'histoire, furent le partage de l'aristocratie dont la fortune et le bien-être engourdissent toute initiative.

Mais si l'érane, dans un esprit égalitaire et libéral, ouvrait larges ses portes à toutes et à tous, hommes ou femmes, nationaux et étrangers même, son contrôle sur le caractère et les mœurs de ses postulants n'en était pas moins sérieux. Peu soucieux des artificielles distinctions de classes ou de castes, elle examinait attentivement la moralité de ceux qui sollicitaient l'avantage d'être admis dans son sein. Les titres où le rang lui importaient peu, c'était le cœur et l'esprit des candidats qu'elle étudiait surtout, et là fut peut-être une des causes dominantes de son succès et de sa longévité.

Une enquête minutieuse, conduite par les dignitaires de l'association, examinait les vertus intimes de l'individu et cherchait à établir s'il remplissait vraiment les conditions requises en se montrant toujours ἀγαθός, εὐσεβής, ἅγιος (1). Une réputation sans

(1) C'est ce qui ressort, du moins, d'un fragment d'inscription contenant quelques passages de la loi des Éranistes, C. I. G. n° 126. (Sérullaz).

tache et des mœurs austères étaient seules exigées.

De tels principes devaient naturellement amener l'égalité la plus absolue entre les éranistes; les charges honorifiques et la conduite de l'association n'étaient accordées qu'au mérite et au dévouement à la cause commune.

Ces magistratures et ces dignités étaient assez nombreuses et quoique quelques-unes d'entre elles ne nous soient point encore très nettement définies, nous pouvons cependant reproduire, avec une suffisante précision, la constitution administrative des éranes.

D'une façon générale, toutes les charges étaient gratuites et électives (1). Les administrateurs parvenus au terme statutaire de leur mandat ne paraissent point avoir été rééligibles ; cette mesure devait obvier peut-être, suivant l'opinion de M. Sérullaz, à la formation au sein de l'érane d'une aristocratie tyrannique et oppressive.

Un seul fonctionnaire demeurait inamovible, c'était le προστάτης ou patron de l'association, fort judicieusement comparé par M. Caillemer (2) au président honoraire de nos sociétés modernes, et qui conservait ses fonctions durant toute sa vie εἰς τὸν βίον αὐτοῦ(. Immédiatement au-dessous de lui venait l'ἐρανάρχης ou l'ἀρχιερανιστής, président effectif de l'érane, élu chaque année par l'assemblée générale, qui semble ne lui avoir jamais concédé qu'une autorité plutôt morale, ou un droit de représenta-

(1) Ἔστωσαν δὲ οὗτοι κλήτορσι κατὰ ἔτος χωρὶς τοῦ προστάτου.
(2) Le contrat de société à Athènes.

tion dans les actes de la vie sociale, se réservant en propre les principales décisions administratives Une plus grande latitude était cependant octroyée au secrétaire (ὁ γραμματεύς) dont la charge principale et la plus lourde, consistait en la préparation des comptes qui devaient être soumis à l'assemblée des éranistes.

Des trésoriers et divers autres fonctionnaires, dont les attributions demeurent encore indistinctes, complétaient les cadres de l'administration.

L'assemblée exerçait donc sur ces magistrats un perpétuel contrôle, tous les pouvoirs étaient entre ses mains et le nom de *loi* qu'elle donnait à ses règlements n'avait rien d'exagéré, car, tous y étaient soumis au même titre.

Si la constitution politique des éranes nous est assez précise, il n'en est pas de même de son rôle social encore incertain et motif à bien des hypothèses. On a voulu voir en elles, tour à tour, des institutions religieuses, des banques populaires, (1) ou, avec plus de raison, des sociétés de secours mutuels (2). Il est fort difficile de préciser, car les auteurs (3) auxquels on se rapporte sur cette matière, à défaut de documents ou de statuts authentiques, envisagent chacun ces sociétés dans un sens favorable à ces suppositions et portent à croire qu'elles furent, à des époques diverses, un peu de tout cela.

(1) M. Foucart. _
(2) Sérullaz.
(3) Aristote, Athénée, Pline, etc.

Mais il demeure toutefois évident que le caractère religieux des éranes domine tous les autres et que, par un sentiment d'élévation et de progrès moral, que ne comportait point encore la religion commune, leurs membres furent amenés à pratiquer entre eux, par une sorte d'application anticipée des préceptes du Christ, la confraternité et l'amour du prochain ; de là découlèrent ces liens d'amitiés, noués au pied des autels et qu'ils considéraient comme faisant partie intégrante de leurs pratiques pieuses.

Il est donc tout naturel que les éranistes aient été ainsi, dès le début, amenés à développer au sein de leurs associations, ou mieux, pour cette époque, de leurs confréries, des sentiments d'aide mutuelle qui expliqueraient l'organisation charitable de leurs œuvres. Cette organisation se révélait par les nombreux secours apportés aux membres que la maladie ou le mauvais état de leurs affaires plongeaient dans le besoin. Aux uns, une exemption de cotisation et des aides en nature apportaient un premier soulagement ; en cas de décès les frais et le soin de leurs funérailles incombaient à l'association ; quant aux autres ils recevaient, sur les fonds du trésor commun, à titre de prêt *et non d'aumône*, une somme — l'érane — qu'ils devaient rembourser une fois revenus à meilleure fortune.

Tout ceci n'était donc qu'une conséquence logique de la constitution éminemment religieuse des premières éranes qui, au-dessus des fonctionnaires civils, possédaient encore toute une hiérarchie sacrée de prêtres et de sacrificateurs. Mais les avantages matériels de ces institutions ne durent pas être sans frapper la masse du public et peu à peu, soit par la fondation spontanée de sociétés purement civiles, ou plutôt, comme pour les confréries du moyen âge et par une lente transformation, l'élément religieux disparut et des contrats en règle supplantèrent l'idée de charité mutuelle. La caisse commune cessait d'être une bienfaitrice pour devenir une créancière poursuivant, en de nombreux procès, la restitution de ses avances. Et s'il nous fallait retrouver parmi nos institutions modernes un point de comparaison avec ces sociétés antiques, les banques populaires allemandes du système Raiffeisen, basées, elles aussi, sur des sentiments d'amour du prochain et de solidarité humaine, nous paraîtraient très propres à remplir cet office.

La mutualité cessant d'être le fruit de principes religieux entrait donc dans le domaine des institutions publiques.

Cependant, l'esprit individualiste triomphe toujours chez les Grecs, la corporation ouvrière parvient rarement à se faire place au milieu de cette population d'esclaves, machines industrielles de l'antiquité que le maître exploitait, non sans profit, soit directement, soit en les louant ; car, suivant une trop juste expression, toute la philanthropie et l'économie politique des anciens est là : vivre et s'enrichir du travail des esclaves.

Aussi, ne dissimulons-nous pas que les développements rapides qui précèdent, n'ont uniquement, sous notre plume, que la valeur d'un point de repère. En effet, en assistant au travail d'assimilation qui aboutit à la naissance de la cité, nous n'assistons nullement à la naissance d'une association, au sens que nous attachons à ce mot. « L'histoire de l'avènement de la cité ne nous présente que l'intérêt relatif de la formation de la croûte terrestre envisagée indépendamment de l'*humus* fécondant. La cité, c'est la croûte, la croûte seulement, et quant à l'*humus* qui lui donne la fécondité, son aspect riant et enchanteur, c'est surtout l'association qui l'y dépose, qu'elle affecte un caractère d'intérêt privé ou d'intérêt public (1). »

(1) Worms.

CHAPITRE III

CHEZ LES ROMAINS

I

Etat du Commerce et de l'Agriculture.

Les Romains, peuple guerrier, n'encouragèrent jamais les travaux manuels : ils les méprisaient et le discrédit dans lequel tombaient, à leurs yeux, ceux que la pauvreté d'abord, l'hérédité ensuite, obligeaient au travail, n'avait d'égal que celui professé par les Grecs pour ces mêmes artisans. Les effets furent partout les mêmes, mais les causes changèrent avec les caractères des peuples et les traditions du pouvoir. La finesse de leur politique et leurs constants efforts pour le bien de la chose publique, avaient conduit les Grecs à l'apogée de leur puissance ; l'emploi de la force amassa, seul, les richesses de Rome et fonda son empire. Longtemps, en effet, ce fut autour de ses murs, comme un perpétuel état deguerre, qui, maintes fois, contraignit ses premiers citoyens à quitter en hâte le champ où vivait leur famille, pour courir aux armes et repousser les Véiens ou les Samnites. L'habitude de ces coups de force les enrichit, sans doute, mais les détourna d'un travail qu'elle rendait stérile par ses fréquentes interruptions. L'artisan, incapable d'aucune œuvre de longue haleine, vivait pauvre et méprisé, parmi cette classe de prolétaires qui, privés de tout droit et de toute influence politique, servaient aux risées de la foule dans les attellanes des poëtes comiques, et Plaute livra plus d'une fois à la moquerie les petits marchands du Vélabre, ou du faubourg Toscan.

Cicéron n'écrivait-il pas à son fils que tous ceux qui vivaient d'un travail mercenaire faisaient un métier dégradant, et que jamais un sentiment noble ne pouvait naître dans une boutique ?

Le mépris de tout ce qui n'était pas la guerre ou la culture des champs atteignit même une telle force que Sénèque allait jusqu'à dire en parlant de l'invention des arts : « Elle appartient aux plus vils des esclaves et non aux philosophes. La sagesse habite des lieux plus élevés, elle ne forme pas les mains au travail, elle dirige les âmes... Encore une fois, elle ne fabrique pas des ustensiles pour les usages de la vie. Pourquoi lui assigner un rôle si humble ? »

Cette défaveur qui s'attachait au travail manuel ne devait se transformer qu'avec le principe même de la société ; elle ne fit que s'accentuer jusque-là et si le travail de l'artiste était plus estimé que celui des tanneurs ou des cordonniers, Plutarque n'en

(1) Aristote, *Polit.*, chap. III.

écrivait pas moins : « Pas un jeune homme bien né, après avoir vu la statue de Jupiter à Pise, ou celle de Junon à Argos, ne souhaitera d'être Phidias ou Polyclète ; l'œuvre nous charme par sa grâce, mais nous ne sommes pas tenus d'estimer son auteur (1) ». Lucien ajoutait même : « Quand tu serais un Phidias ou un Polyclète, quand tu ferais mille chefs-d'œuvre, les éloges ne s'adresseront qu'à ton art et parmi ceux qui applaudiront, il n'en est pas un seul, s'il a le sens commun, qui désire te ressembler... Si tu te fais sculpteur tu ne seras qu'un manœuvre, te fatiguant le corps et ne recevant qu'un vil salaire ; ton esprit se flétrira, tu seras isolé de tous, incapable de défendre tes amis, d'imposer à tes ennemis et de faire envie à tes concitoyens... si habile que tu sois, tu passeras toujours pour un artisan, pour un vil ouvrier, pour un homme qui vit du travail de ses mains (2) ».

Devant ces humiliations seuls les affranchis et quelques étrangers se livraient à l'industrie.

L'agriculture, durant une longue période, demeura leur occupation favorite. Mais ici encore la vie des camps devait exercer ses ravages et miner peu à peu le travail de la terre, comme elle avait ruiné celui de l'atelier. En effet, les propriétaires ruraux retenus à l'armée par des expéditions lointaines, ou enrichis par les conquêtes, renoncent volontiers à l'entretien de leurs champs, dont des escla-

(1) Plutarque, *Périclès*, 2.
(2) Somm., 9.

ves demeurent seuls chargés. D'autres, trop peu fortunés pour subvenir aux frais de ce nouveau mode
d'exploitation servile, consentent à l'aliénation de
leur patrimoine au profit d'un voisin plus riche et
jaloux d'élargir ses limites. Mais toujours la petite
propriété, la plus productrice et la plus utile est la
première frappée. La concentration des grands domaines et leur ruineuse gestion commence.

D'autre part une révolution économique se produit avec Scipion Emilien, lorsque les armées victo-
rieuses mettent les Romains, jusque-là sobres et
simples de mœurs, en contact avec les peuples les
plus civilisés. Alors « on oublie la vertu pour se
plonger dans le vice, on ne procède point par de-
grés, on se précipite tout d'un coup. L'ancienne discipline est abandonnée, des mœurs nouvelles sont
introduites, la cité tout entière quitte les veilles pour
le sommeil, les armes pour les plaisirs, les affaires
pour l'oisiveté... La magnificence de l'Etat donne
l'exemple du luxe aux particuliers (1) ».

Les nécessités d'un luxe sans cesse grandissant,
cette activité plus grande introduite dans le développement de la civilisation, loin de remédier à la
crise agricole dont l'empire souffrait alors, la portèrent à son comble. Au désarroi des cultivateurs
s'ajoutèrent encore les secours alimentaires qu'un
pouvoir avide de popularité octroyait à la plèbe, que
sa renonciation à toute occupation industrielle ré-

(1) Velleins, *Pater*.

duisait au plus complet dénuement, quand la guerre ne la faisait pas vivre sur l'ennemi, loin de Rome. Pour faire face à ses besoins, que l'Etat républicain antique prenait presque partout à sa charge, ou prohibait arbitrairement l'exportation des céréales italiennes, tout en favorisant à l'aide de primes l'importation des blés de Sicile, de Sardaigne et d'Afrique. Ainsi, en temps de paix, les prolétaires romains pouvaient s'approvisionner du nécessaire, à des prix inférieurs à la valeur vénale ; plus tard des facilités plus grandes leur furent encore données avec les distributions gratuites devenues plus fréquentes, grâce aux contributions prélevées sur les pays conquis.

Auguste avait, il est vrai, reconnu et signalé cet abus qui faisait des citoyens romains un peuple de mendiants adonnés à la débauche et à la paresse (1). Des spectacles et du pain, c'était à quoi se bornaient tous leurs désirs, tandis que l'absence des besoins éteignait l'activité et l'industrie (2). Aussi, cet empereur avait-il formé le projet, à ce qu'il raconte lui-même, d'abolir pour jamais la distribution gratuite du blé, parce que le peuple, se fiant sur ces largesses, délaissait la culture des champs : *quod fiducia cultura agrorum cessaret*. Mais il abandonna ce projet devant la certitude que les

(1) Dureau de la Malle, L. I.

(2) Varron blâme son siècle de négliger les champs pour la ville, et d'aimer mieux, se servir de ses mains au théâtre qu'à la charrue : *et maluisse manus in theatro movere quam in aratro*, I, II, 9.

distributions seraient reprises après lui et serviraient alors de moyens de séduction.

Or, de telles mesures en privant de débouchés les petits cultivateurs italiens et produisant l'encombrement de marchandises vendues à vil prix sur le marché national, équivalaient pour eux à un véritable arrêt de mort.

La disparition des marchés locaux amena dans la petite propriété la modification d'une culture, qui n'était plus rémunératrice : on réduisit les ensemencements, au strict nécessaire, pour le seul entretien de la famille et de ses serviteurs. Les grands domaines, à leur tour, portèrent les fruits naturels de leurs désastreux accroissements : substitution des pâtures aux labours d'abord, création de parcs improductifs et exploitation ruineuse, ensuite. Bientôt le Latium lui-même, province autrefois si riche et si fertile, ne forma plus qu'une immense étendue de jachères et de bois improductifs, où, des multitudes d'esclaves et de prisonniers pour dettes, élevaient à grands frais les murènes dans les viviers, les cailles ou les faisans dans des parcs immenses, voire même des colonies d'escargots au creux des rochers artificiels. Hâtons-nous d'ajouter que ces luxueuses exploitations étaient cependant des plus lucratives pour ceux dont la fortune pouvait suffire à d'aussi coûteuses installations.

Plutarque, dans la vie de Tibérius Gracchus, confirme ce fait et ajoute même que l'Italie, sur le point de se voir dépeuplée d'hommes libres, était alors remplie d'esclaves et de barbares, que les riches employaient à la culture des terres, d'où ils avaient chassé les premiers habitants.

Les puissants du siècle, dit Columelle, ont des propriétés dont ils ne peuvent même pas faire le tour à cheval : et une inscription récemment trouvée près de Viterbe, montre qu'un aqueduc long de six milles ne traversait les terres que de neuf propriétaires.... La petite propriété disparaissait du sol de l'Italie et avec elle cette forte population de laboureurs tel que « Spurius Ligustinus, centurion, qui après 22 campagnes, à l'âge de plus de 50 ans, n'avait pour lui, sa femme et ses huit enfants, qu'un arpent de terre et une cabane. » Nous complèterons encore ce tableau par quelques faits que nous tirons d'un savant mémoire publié il y a quelques années (1). Pline affirme que, sous Néron, six individus étaient, à eux seuls, propriétaires de la moitié de l'Afrique romaine (2). Sénèque, qui possédait lui-même une immense fortune, disait aux riches de son temps, qu'ils ne se contentaient pas de posséder des terres, qui, autrefois, avaient nourri tout un peuple ; de détourner les fleuves de leur cours pour les conduire dans leurs propriétés ; mais qu'ils voulaient même renfermer les mers dans leurs vastes domaines (3). Cras-

----

(1) *Dissertation sur les faits les plus curieux, de prodigalité, de luxe, d'agglomération de fortune chez les Romains,* par M. Peignot.

(2) *Sex domini semissem Africæ possidebant, Hist. nat,* XIII, 7.

(3) *Sen. epist.,* 89.

sus qui offrit le premier l'exemple d'un luxe encore inconnu aux Romains, avait coutume de dire que personne n'était riche s'il ne pouvait entretenir une armée avec ses revenus, lever six légions, et un grand nombre de troupes auxiliaires en infanterie et en cavalerie. Pline confirme ce propos de Crassus, mais en ajoutant que Sylla était encore plus riche (1).

Latifundia perdidere Italiam et provincias, les grands domaines ont perdu l'Italie et les provinces, dit Tite-Live, et la malheureuse application que nous pouvons faire aujourd'hui de cette parole à d'autres temps et d'autres pays, démontre plus clairement encore, quels durent être les tristes effets de cette situation économique sur les peuples d'Italie.

II

Des associations en général sous la République.

Les conditions économiques que nous venons de relater ne pouvaient constituer un milieu bien favorable, sinon à l'éclosion, tout au moins au développement des associations que la Rome antique avait vu naître dans ses murs.

Cependant, bien que les Romains ignorassent presque complètement les grandes entreprises commerciales, que les temps modernes pouvaient seuls faire éclore, ils connurent, très anciennement, dès

(1) Pline, *Hist. nat.*, XXXIII, 10.

le règne de Numa Pompilius, suivant Plutarque, ou de Servius Tullius, au dire de Florus, des associations nombreuses, qui, plus tard, sous l'empire, devaient prendre quoique, en se transformant en passant sous la main des pouvoirs publics, une extension considérable.

A côté des associations religieuses s'étaient formées déjà des sociétés religieuses ou « sodalités » pour honorer les divinités que Rome adorait. Le but principal de ces confréries, puisque tel est le nom qu'elles prendront en France, était l'établissement de réunions périodiques où s'accomplissaient en commun des cérémonies religieuses, toujours terminées, suivant la coutume grecque, par un repas, souvent frugal, mais toujours gai, pris au pied de l'autel.

La *République* ne mit d'abord aucune entrave à leur développement : elle se contenta de prévenir les excès en prohibant toute réunion nocturne ou association clandestine. Mais, avec l'*Empire*, l'influence des factions diverses se fit bientôt sentir, et les sodalités, perdant leur caractère religieux, devinrent autant de sociétés politiques, de « clubs », que *César*, et après lui les *Empereurs romains*, règlementèrent sévèrement. Elles furent alors dissoutes en grand nombre, seules, les plus inoffensives subsistèrent, tandis qu'une autorisation de l'empereur devenait nécessaire pour en constituer de nouvelles.

Toutes, en effet, se transformaient rapidement

en sociétés où le travail, le culte des dieux ou les pieuses réjouissances n'étaient que vains prétextes, destinés à dissimuler des préoccupations d'un ordre purement politique. Les empereurs sévirent contre elles, avec d'autant plus de fermeté, que l'avenir de leur pouvoir était plus menacé ; ils comprirent que le gouvernement, pour rester fort, devait contrôler les agissements de toute société dont le développement exagéré et l'action de plus en plus prépondérante, pouvait porter atteinte à son autorité et devenir un principe de désagrégation en instituant en quelque sorte un État dans l'État.

Malheureusement, c'est une mission bien délicate pour le législateur de s'ingérer ainsi dans l'organisation et la réglementation d'intérêts essentiellement privés. Les empereurs romains redoutèrent et proscrivirent les associations ouvrières jusqu'au jour où, comprenant enfin que leur développement répondait à un besoin économique qu'il fallait encourager et favoriser, ils sentirent la nécessité de recourir à elles pour relever l'industrie languissante. Aussi, malgré les lois, décrets ou sénatus-consultes, les collèges se développent, les corporations se multiplient ; la législation impériale devient impuissante et doit renoncer bientôt à toute mesure de répression.

Alexandre Sévère rompant alors avec le système de ses prédécesseurs, fait un pas encore dans la voie du progrès en organisant et réglementant lui-même ces sociétés si âprement combattues jusque-là. De cette époque seulement datent les premiers corps de métier proprement dits, possédant à la fois une constitution et des chefs tirés de leur sein, et une juridiction spéciale chargée de régler leurs conflits (1).

L'élan était donné : dans la cité, plus fortement constituée, s'organisèrent des groupes particuliers, unis par les mêmes intérêts, et alors, comme dans des temps postérieurs, l'esprit d'association naquit du relâchement même des liens sociaux.

Trois groupes principaux se formèrent ainsi :

1° Les collèges de prêtres ;

2° Les associations religieuses ;

3° Les corps d'artisans ou de gens de métier.

C'est à l'étude de ce dernier que nous nous bornerons ; les deux autres n'ayant pour nous d'autre intérêt que celui de confirmer encore une filiation religieuse que nous retrouvons toujours dans l'histoire des corporations.

Depuis longtemps déjà, le sage Numa-Pompilius avait essayé de donner au peuple une organisation nouvelle, en le subdivisant par arts et métiers. Cette classification comprenait huit collèges :

Les *œrarii*,	armuriers en bronze ;
Les *figuli*,	potiers ;
Les *tubicines*,	joueurs de trompettes ;

(1) *Corpora omnium constituit artium : hisque ex sese defensores dedit et jussit quid ad quos judices pertineret* (Æl. Lamprid, Alex. Sever, 33).

Les *aurifices,*   orfèvres ;
Les *fabri tignarii,*   charpentiers ;
Les *tinctores,*   teinturiers ;
Les *sutores,*   cordonniers ;
Les *fullones,*   foulons.

Le premier de ces collèges et une centurio de *fabri tignarii* furent placés par Servus Tullius dans la première classe des citoyens ; ils obtenaient ainsi voix prépondérante dans les votes au Champ-de-Mars et faisaient partie de l'élite de l'armée en temps de guerre. Il est vrai que ces honneurs, les seuls que Rome ait jamais rendu à l'industrie, transformaient ces artisans en une cohorte dont les services étaient de la plus grande utilité ; *ut machinas in bello facerent,* dit Tite-Live.

Les autres associations étaient reléguées dans une dernière classe, les *proletarii* ; car, suivant Aristote, jamais cité bien ordonnée ne pouvait les admettre au rang de citoyens, ou, si elle les admettait, elle ne leur accordait point la plénitude des droits civils, cette plénitude devait être réservée à ceux qui peuvent se dispenser de travailler pour vivre.

De cette organisation, en quelque sorte théorique, sur laquelle, d'ailleurs, les textes font défaut, on sait peu de choses. Aussi une étude attentive devient, dans ces conditions, impossible, et ce ne sont, comme on le verra plus loin, que des vues et des idées générales que nous aurons à noter sur ce sujet.

A la suite des guerres continuelles et des conquêtes qui s'en suivirent, une transformation considérable s'opéra dans le commerce et l'agriculture romaine.

Elles eurent une influence énorme sur l'avenir de la République. La Sicile et Carthage conquises, de nouvelles relations commerciales s'établirent sur les côtes de la Méditerranée. Les denrées étrangères affluèrent dans Rome, en même temps que les esclaves et les richesses de ces nations : un excès d'importation, une surabondance de main d'œuvre, avilirent les prix de toutes choses. L'agriculture en subit les premières conséquences ; les laboureurs, remplacés par les esclaves, désertèrent les champs qui ne pouvaient plus les nourrir et encombrèrent les villes. Les grands domaines commencèrent à se former et avec eux l'accumulation des fortunes.

Le commerce d'échange devenant de plus en plus important, attira à lui les grands propriétaires, ainsi que les détenteurs des richesses enlevées aux provinces conquises. Il se fonda alors de vastes associations qui soumissionnaient les fournitures des armées, frétaient les navires et se faisaient attribuer la perception des impôts. Mais, la fatalité qui pèse sur les nations conquérantes, leur tendance prépondérante à faire servir les capitaux dont elles s'emparent à des achats, à des jouissances qui les épuisent, plutôt qu'à des œuvres de production indigène qui les renouvellent et les multiplient, devaient pousser la balance commerciale à s'établir au désavantage de Rome et de l'Italie. « Avec l'insouciance de l'opulence, on s'accommoda de ce commerce passif, apanage obligé de toute capitale qui n'est rien autre chose qu'une capitale ! A quoi bon produire ? N'a-t-on pas assez d'or pour payer tout ce qui fait ou ne fait pas besoin ? »

Toutefois, les importations considérables dont souffrait la production italienne, n'auraient eu qu'une faible influence sur les petits industriels, si elles ne s'étaient étendues enfin aux produits agricoles de l'Afrique. Ce fut le dernier coup porté au travail et à l'agriculture nationale. Peu à peu, les esclaves employés aux travaux des champs abandonnèrent les cultures, suivant la désastreuse évolution qui poussait leurs maîtres vers les villes. Il y eut alors un afflux considérable de bras, bientôt employés dans les ateliers industriels, que les artisans durent abandonner au moment même où ils entrevoyaient une situation meilleure. En effet, sous l'influence d'une civilisation plus avancée, de besoins plus difficiles à satisfaire, leur importance s'était accrue, les ateliers prenaient une extension chaque jour croissante ; une aurore nouvelle semblait se lever sur le monde du travail : de nouveaux métiers s'établissaient par toute la ville de Rome, abandonnant le Forum où ils étaient autrefois confinés ; le travail libre cherchait enfin à se faire place, et peut-être le succès eût-il soutenu ses efforts si la population ouvrière servile était, comme autrefois, demeurée tout entière à la campagne.

Mais de longues et pénibles luttes ne purent écarter une concurrence d'autant plus écrasante que le nombre des esclaves dépassait alors toute limite. Une décadence rapide allait être, pour l'Empire romain, le fruit de leur développement excessif. Désormais, ils se substituaient aux hommes libres dans les travaux de la ville et des champs, dans les arts manuels et industriels, aussi bien que dans les travaux de l'agriculture. Tous les riches favorisaient plus ou moins cette évolution économique : ils avaient parmi leurs esclaves des tisserands, des ciseleurs, des peintres, des brodeurs, des architectes, des médecins, des précepteurs. Suétone nous dit qu'Auguste ne porta jamais que des vêtements fabriqués dans sa maison, par ses esclaves. Atticus louait les siens au public en qualité de copistes ; Cicéron avait des ateliers d'ouvriers. Le gouvernement employait des esclaves pour les postes subalternes de l'administration, la police, la garde des monuments, la fabrication des armes, la construction des navires.

Ainsi les hommes du peuple ne trouvaient plus aucun emploi à la ville où la lutte était impossible entre les plébéiens, pères de famille, et les esclaves qui travaillaient en grand, dans de vastes ateliers, pour le compte de leurs maîtres, sans aucun souci de leur production, et dès lors à bon marché (1).

(1) A ce sujet : Dureau de la Malle, *Econ. polit. des Romains,* I, 15, II, 2.

Les ouvriers libres ne furent plus alors que l'infime minorité. Le mépris du travail manuel s'accrut et l'opinion publique acheva d'établir une similitude presque complète entre l'esclave et l'artisan. Salluste et Cicéron le disent en termes formels : entre l'esclave et l'artisan, pas de différence (1).

Aussi, les mesures de rigueur édictées par l'Empire n'atteignirent-elles qu'indirectement les associations ouvrières. Elles visaient plutôt ces nombreuses « sodalitia », auxquelles l'importation des cultes de Cybèle et de Bacchus avaient donné une vigueur nouvelle et une dangereuse importance. En vain de nombreux décrets vinrent-ils restreindre, tour à tour, leur puissance et leur liberté ; les inquiétudes du Sénat ne purent être apaisées que par la suppression en masse de toutes les sociétés qui n'étaient pas indispensables à l'essence même de l'organisation romaine. Seuls, demeurèrent intacts, les collèges de prêtres, à l'autorité desquels nul n'osait encore s'attaquer, et un très petit nombre de corporations d'artisans.

Ce ne fut point toutefois sans regrets que le législateur fit preuve d'une telle mansuétude à l'égard de ces dernières, car les ouvriers, devenus les ennemis d'une société qui refusait de leur faire une place, causèrent, par leur turbulence, de si légitimes craintes, que Claude, Néron, Trajan, s'opposèrent toujours à la multiplication de leurs collèges. Pline

(1) *Opifices omnes, in sordida arte versantur, nec enim quidquam ingenuum potest habere officina.*

raconte lui-même, qu'ayant été témoin d'un immense incendie qui ruina, faute de secours, un grand nombre de maisons et de monuments publics de la ville de Nicomédie, il voulut, en sa qualité de gouverneur de la province, prévenir le retour de pareilles catastrophes, par l'organisation d'un corps spécial d'ouvriers charpentiers pourvus des appareils nécessaires en ces circonstances. Mais il ne put obtenir de l'empereur Trajan d'autre autorisation que celle de réunir les instruments qui seraient utiles, sans les confier, toutefois, à aucune association qui pourrait devenir, plus tard, une cause de dangers et de troubles.

Ces craintes excessives ne pouvaient produire que les pires résultats et ne doit on s'étonner, par suite, que bien peu de l'antithèse inouïe, formée par la situation économique des Romains et la grandeur de leurs institutions politiques. Parvenus à l'apogée de leur gloire avec la chute de Carthage et la soumission de la Grèce, maîtres absolus dont la domination s'étend jusques aux peuples les plus barbares, ils demeurent pourtant incapables de trouver dans le sol de leur patrie, une des plus riches et des plus fertiles, les ressources nécessaires à la vie de leur capitale. L'agriculture et les métiers sont plongés dans le marasme et « à cet égard, l'Italie demeure passive et immobile à l'égal presque des Barbares » (Mommsen).

III

Des associations sous les empereurs.

Par deux fois, les récoltes venaient d'être compromises en Égypte, et Rome, dès longtemps accoutumée aux richesses de cet inépuisable grenier, était menacée de famine. Le peuple, qu'aucun travail ne pouvait nourrir, avait tenté quelques émeutes ; les faiblesses et les dangers de l'organisation intérieure se révélaient enfin au grand jour, dans leurs désastreuses conséquences : le pouvoir s'émut. Il se vit à la merci des tributaires dont il importait les produits à grands frais et songea tout d'abord à régulariser et protéger ces services. Les diverses entreprises de *navicularii* auxquelles incombait la fourniture des hommes et des navires chargés d'amener à Rome les blés et autres produits destinés à l'alimentation publique, fonctionnaient, en effet, sans ordre ni cohésion, n'ayant d'autre régulateur que la plus ou moins grande prospérité de leurs finances. Le gouvernement fournit d'abord des fonds : ce fut un premier pas vers la main-mise totale, qu'il dissimula sous les nombreux privilèges dont il dota cette nouvelle association, fondée non pas seulement en vertu de son autorisation, mais sous ses ordres.

La réforme était désormais tracée. On comprit tous les bienfaits que pourrait donner la réorganisation des anciens corps de métier, qui, sous le patronage de l'État, ramèneraient au travail une grande partie de cette population pauvre, dont les exigences et la liberté étaient d'un si coûteux entretien.Celle-ci, trouvant dans l'exercice d'une profession un remède à sa turbulente oisiveté,ainsi qu'à sa misère, raffermirait la tranquillité publique, tandis que ses produits enrichiraient la nation.

De ce principe naquirent les nouvelles réformes que le gouvernement poursuivit dès lors avec cette même implacabilité qu'il avait apportée, durant la période précédente, à des mesures contraires. Les associations lui étaient autrefois apparues comme autant de clubs où fermentaient les plus dangereuses passions et il les avait proscrites, anéanties ; elles devenaient aujourd'hui un instrument d'ordre et de richesse et il les élevait autant qu'il les avait abaissées, jusqu'au jour, où, leur rendement devenu trop faible,à son gré, il les transformerait en autant de bagnes, où agoniseraient enfin les derniers vestiges de laclasse ouvrière et de l'industrie romaines.

Les dernières innovations de l'Empire, loin d'être une Renaissance du travail, ne furent donc que le produit d'une politique financière aux abois ; la corporation qui devait protéger les ouvriers, devint par elles, la chaîne qui les rendit captifs et que la main impériale serra d'autant plus que leur travail était plus pénible, ou plus nécessaire à l'Etat.

Cette évolution fut pourtant d'assez longue durée et ne se présenta point, tout d'abord, sous d'aussi noires couleurs.

En effet, les nouvelles corporations furent, par

les soins du pouvoir, abondamment pourvues d'immunités et privilèges, destinés à créer, dans le peuple, un grand mouvement en leur faveur.

L'une des plus importantes exemptions était celle des charges municipales, qui frappaient si lourdement certains habitants de la ville. Primitivement accordée aux *navicularii*, en raison de l'important service qu'ils exécutaient pour l'Etat, elle fut ensuite étendue à la plupart des corporations et enfin à tous ceux qui étaient absents de la cité pour le service de la République (1).

Parmi les autres privilèges concédés aux naviculaires, doit s'ajouter le titre de *chevaliers* que leur accorda Constantin ; cette distinction, outre l'honneur qu'elle conférait, avait le très grand avantage de soustraire ceux de ses titulaires ayant affaire à la justice, à la torture pratiquée en matière de procédure criminelle (2).

L'exemption des charges municipales entraînait, comme conséquence, celle de la tutelle comprise au nombre des *numera publica*. Toutefois les collèges ne jouissaient de cette dernière immunité qu'en vertu d'une autorisation spéciale de l'empereur (3).

(1) *Quibusdam collegiis vel corporibus, quibus jus coeundi permissum est, immunitas tribuitur : scilicet eis collegiis vel corporibus in quibus artificii sui causa unusquisque adsumitur : ut fabrorum corpus est, et si qua eamdem rationem originis habent, id est idcirco institua sunt, ut necessariam operam publicis utilitatibus exhibe- rent.* Dig., Liv. 50, T. VI, 4, 5, § 12.

(2) C. Th. XIII, 5.

(3) *Non omnia tamen corpora vel collegia vocationem tutelarum*

Cependant de ces immunités, de ces privilèges, il devait être, comme de ceux attachés aux charges publiques. On sait, en effet, comment l'empire romain, à l'approche de la décadence, chercha par tous les moyens à assurer le recouvrement des impôts, dont la rentrée devenait d'autant plus difficile que l'empire était plus vaste et la richesse publique moins proportionnée à ses besoins.

Après avoir contraint les fonctionnaires publics à payer par de lourdes charges les honneurs dont ils étaient investis, l'autorité impériale les enchaîna, eux et leur famille à des fonctions qu'ils cherchaient à fuir. A chaque catégorie de citoyens incomba une certaine quotité de charges, qui, toutes, furent héréditaires. Les collèges, préposés aux services publics, furent les premiers et les plus lourdement atteints. L'ère des générosités gouvernementales était close. Aussi les artisans cherchaient-ils, dès lors, à se soustraire par tous les moyens, au régime de ces corporations, dont les privilèges ne compensaient plus les charges, ni ne les indemnisaient de leur travail et de la perte de leur indépendance. Leur recouvrement devint si difficile, que l'Etat dût le réglementer lui-même, et, pour quelques collèges, le rendre obligatoire, par des mesures de violence et de rigueur. Certains ouvriers, leurs enfants et leur fortune furent perpétuellement attachés aux

habent, quamvis numeribus municipalibus obstricta non sint : nisi nominatum id privilegium eis indultum sit. Dig. L. XXVIII, T. 1, L. 17, § III.

collèges dont les services étaient particulièrement nécessaires à l'administration romaine. Une fois membres de ces associations leurs liens devenaient indissolubles. Tous les subterfuges étaient déjoués par les constitutions impériales, et la fuite, l'exil volontaire même, étaient sévèrement réprimés; les peines les plus excessives venaient frapper les fugitifs, que l'on condamna même à porter la marque infâmante des déserteurs.

Quelque vexatoires que fussent ces mesures, les réclamations étaient cependant bien rares, car elles avaient pour but d'assurer les approvisionnements de Rome et surtout du peuple, d'où venaient les émeutes. Les *pistores* et les *navicularii*, que l'empire avait d'abord comblé de ses faveurs, furent-ils aussi à cette époque, les plus durement frappés. Le fils devait hériter du métier de son père en même temps que de son bien; le gendre, par son mariage, contractait la profession du beau-père ; un citoyen recevait-il une donation d'un *pistor*, il devait, pour l'acquérir, entrer auparavant dans ce collège. La déportation et la confiscation, vinrent sanctionner ensuite par de nouvelles rigueurs cet extraordinaire régime du travail.

Mais ces mesures furent insuffisantes encore et ne purent arrêter la décadence de certains services. L'arbitraire gouvernemental fut alors sans limites, certaines personnes, en raison de leur origine, de leurs propriétés ou de leurs biens, furent enrôlées dans ces collèges. Les magistrats, à leur tour, incorporèrent d'office, à titre de peine, non plus seulement dans les corps d'ouvriers employés aux durs travaux des mines, mais encore dans celles où le besoin de nouvelles recrues se faisait le plus vivement sentir. Et comme, enfin, des vides se produisaient quand même, le pouvoir mit le comble à son œuvre néfaste par une dernière mesure, la plus injuste et la plus nuisible de toutes, la violence, remède désespéré qui précipite les événements et conduit à la fois à la ruine, ceux qui l'emploient et les malheureux qui la souffrent.

Les associations ouvrières romaines avaient cessé de vivre. Car, on ne saurait plus comparer à des institutions libres, instruments de progrès, d'art et de prospérité, ces collèges, ou plutôt ces bandes de forçats, rivés à leur chaîne, accomplissant une tâche dont la plupart n'avaient aucune connaissance technique, et qui représentaient pour eux non plus une condition lucrative, encore moins un art à perfectionner, mais un labeur pénible, un joug humiliant, qu'imposaient les derniers excès d'une tyrannie aux abois et d'un peuple à sa fin.

IV

Organisation intérieure des collèges d'artisans.

Après avoir ainsi rapidement exposé l'histoire économique des collèges d'artisans, nous terminerons cette partie de notre étude, par quelques recherches sur la façon dont ils se constituaient et se réglementaient ; en un mot, c'est leur histoire intérieure qu'il nous reste à tracer brièvement.

En général, la plupart d'entre eux ne ressemblaient pas, ainsi qu'on pourrait le croire, aux corporations du moyen âge, où la spécialité de profession était poussée à ses ultimes limites. Comme ces dernières, cependant, ils procédaient d'une même source, l'association religieuse, mais c'est là, nous le verrons encore, une identité d'origine presqu'universelle, et qui leur fut commune avec les associations grecques ou égyptiennes.

Les collèges romains furent surtout, sauf de bien rares exceptions, que nous étudierons plus loin, des associations d'ouvriers et non des syndicats professionnels. La communauté de métier n'y jouait qu'un rôle très effacé, tout au plus remarquons-nous, chez quelques-uns, une certaine relation entre les diverses professions de leurs membres ; les *centonarii*, les *dendrophori* et les *fabri tignarii*, par exemple, se trouvaient presque toujours réunis dans le même collège. L'influence impériale fut, d'ailleurs, d'un grand poids sur le caractère de ces associations mixtes que l'on favorisa d'autant plus, qu'on les voulait plus puissantes et plus nombreuses, afin d'en obtenir ensuite une meilleure utilisation. D'autre part, le discrédit public ne s'appliquait point, on le sait, à quelques professions seulement, mais au travail en général ; aussi les artisans des petites villes, ordinairement peu nombreux, trouvaient-ils de grands avantages en ce genre d'association, par la cohésion et le sentiment de vague solidarité qu'ils y rencontraient.

On ne possède aucune indication sur le recrutement primitif des collèges ouvriers ; cependant si l'on considère que le système électif était, dans la législation ancienne, la base de toute institution, on peut déduire qu'il devrait être aussi le mode ordinaire d'entrée dans la corporation. Sous l'empire, cette méthode devient certaine (1), quoique l'admission au choix nous paraisse avoir été d'une application courante à cette époque.

Mais ces divers systèmes tombaient en désuétude et devinrent tout à fait illusoires, lorsque les charges imposées aux associations les transformèrent en un nouvel opprobre, imposé par l'empire, à la classe ouvrière. C'étaient, ainsi que nous venons de le voir, l'origine professionnelle et l'hérédité surtout, qui contraignaient l'artisan à entrer et demeurer dans un collège.

L'administration intérieure y était, en grande partie, semblable à celle du gouvernement lui-même (2). A des magistrats investis de fonctions analogues à celles des magistrats municipaux et portant les titres de décurions ou de *principales collegii*, incombait la haute direction des affaires. Au-dessous

(1) *Si quis consortuum fabricensium crediderit eligendum in ea urbe in qua natus est, vel in qua domicilium collocarit, his quorum intuest convocatis* (Code; LXI, t. VII, 4, 4).

(2) *Ad exemplnm reipublicæ* (Dig. l. III, t. IV, 71 § 1.

d'eux les *duumviri*, les *œdiles*, les *quinquennales* et les *curatores*, — ces derniers plus spécialement chargés de veiller au recrutement des membres de l'association — se partageaient des fonctions diverses. Un *actor* ou un *syndicus* représentaient ou défendaient les intérêts généraux. Mais il existait encore un grand nombre de fonctionnaires dont les attributions ne nous sont pas très nettement définies, c'étaient les *præfecti*, les *rectores*, les *dispensatores collegii*, les *judices*, dont la compétence ne devait point, sans doute, s'étendre au-delà des litiges soulevés par les questions professionnelles du collège. Des *scribæs*, des *tabularii*, rédigeaient les actes de la corporation.

Suivant la coutume si fortement ancrée dans les mœurs romaines, les artisans choisissaient en dehors de leur sein, des *patrones*, des *defensores* chargés de les représenter à Rome et de veiller à la sauvegarde de leurs intérêts. Un grand nombre d'inscriptions permettent de constater que ces protecteurs étaient, en général, un riche citoyen dont les *collegiati* devenaient les clients. C'étaient à lui qu'incombait, dès lors, le devoir de défendre leurs immunités et leurs privilèges, contre les exigences de plus en plus excessives du pouvoir impérial. On a pu juger, par les résultats acquis, quels durent être le zèle et le dévouement déployés par ces députés antiques pour le triomphe des vœux et de la fortune de leurs mandataires.

Des assemblées générales, enfin, tenues dans les

curia, étaient instituées pour adopter en commun les statuts ou les règlements divers.

Nous ne saurions omettre de noter ici un point fort intéressant de la vie intérieure des collèges, car il nous sert à démontrer, une fois encore, cette idée de religiosité qui partout et toujours forme et domine la corporation ouvrière. La communauté du travail n'était point, en effet, le seul trait d'union entre les divers membres d'un collège ; ils étaient encore étroitement liés par les cérémonies religieuses dont ils accompagnaient toujours tout acte important de la vie civile de ce dernier, ou même d'un de ses membres. Chaque corporation avait sa divinité, son culte particulier, son temple, ses jeux sacrés, ses festins surtout, qui, rapidement, degénérèrent en scènes d'orgie et de débauches ; ce fut, d'ailleurs, le sort ordinaire de ces réjouissances corporatives et nous étudierons plus loin quelle fut, sur les confréries de France, l'influence de ces fraternelles agapes.

Les collèges romains avaient, en outre, un culte particulier pour leurs membres défunts, dont les funérailles étaient, bien souvent, célébrées aux frais du trésor commun. La cérémonie consistait ordinairement en un banquet sacré, à l'issue duquel chaque convive parsemait le tombeau de roses et de fleurs. Cependant quelques inscriptions funéraires nous apprennent que certains « collegiati », fort jaloux de ces honneurs, et n'ayant qu'une confiance médiocre en la générosité de leurs confrères, prenaient eux-mêmes le soin d'affecter, avant leur mort, une somme d'argent à l'accomplissement de cette pieuse coutume. Cette ultime préoccupation provoqua même la formation de nouvelles associations n'ayant d'autre but que celui d'assurer à chacun de leurs membres de luxueuses funérailles.

Dans la vie publique, enfin, les collèges participaient à toutes les cérémonies importantes. Chacun d'eux avait une place déterminée derrière le char de l'empereur, qu'il escortait précédé de ses étendards et de ses emblèmes, sous la conduite de ses magistrats.

Si la vie intérieure des collèges industriels eut à gagner de la similitude de leur organisation avec celle du gouvernement, leur existence juridique n'en retira pas de moindres avantages.

Pendant longtemps, en effet, ils existèrent à l'état de simple groupe, davantage un produit de la classification sociale de Numa, que le résultat d'un besoin économique. Ils ne jouirent de la personnalité morale qu'au jour où l'Etat, après leur réorganisation, leur permit d'exister légalement *corpus habere*. La reconnaissance des personnes morales fut toujours, dans la législation romaine, un droit souverain du pouvoir (1). Mais l'empire simplifia son application par le contrôle qu'il institua sur la création des nouveaux collèges et qui lui parut être une suffisante garantie pour accorder implicitement le caractère de personnes juridiques.

(1) L. III, D. T. IV. Voir à ce sujet, Bolton : *Des associations syndicales en droit français.*

Ils eurent dès lors une véritable individualité distincte de chacun de leurs membres ; devinrent, en principe et d'une façon générale, capables d'avoir des droits et des obligations comme un simple particulier, de posséder enfin un patrimoine et un trésor.

Cependant les actes de la vie juridique des collèges n'étaient pas rigoureusement semblables à ceux des individus dans l'exercice de leurs droits.

Le droit de propriété leur fut d'abord longuement contesté. On sait quelles difficultés soulève ce principe de la législation qui n'admettait pas la représentation d'une personne par une autre. Le tuteur lui-même n'était point un mandataire de son pupille, car, ce dernier, devenu capable, devait intenter une action contre lui pour obtenir les comptes de sa gestion. Il fut donc d'abord impossible aux collèges d'acquérir à quel titre que ce fut, puisqu'ils ne pouvaient être représentés et que, d'autre part, étant personnes morales, leur situation juridique demeurait toujours la même et, par suite, leur incapacité ne pouvait cesser.

Cette situation eut été insoluble si, à une époque encore indéterminée, l'Etat ne leur avait, par une reconnaissance formelle, concédé le droit de posséder des esclaves. Dès lors, comme tout individu, ils purent, par ceux-ci, acquérir le droit de propriété.

Malgré cette première facilité, la jouissance de ce droit n'était, cependant, pas encore parfaite pour les associations ouvrières. Des règlements divers, soumis aux lois, déterminaient les modes d'acquisition de la propriété ; on les nommait : la mancipation, l'*in jure cessio*, la tradition, l'usucapion, l'adjudication, la loi et enfin l'occupation. Plusieurs de ces modes, tels, l'occupation, la tradition, l'usucapion, furent longtemps encore impossibles aux collèges industriels, puisqu'ils supposaient l'idée de possession, qui, en droit, ne pouvait s'accomplir au profit des personnes morales.

Elle exigeait deux conditions : la détention matérielle de la chose à acquérir, (*corpus*), et la volonté de la traiter comme sienne, (*animus*). Or, si par l'esclave, les collèges pouvaient avoir la détention matérielle de l'objet, par contre, l'*animus* devait être rigoureusement personnel au maître, véritable acquéreur. Il en résultait que la possession, et par suite la propriété, ne pouvaient être acquises par les personnes incapables d'avoir cette volonté ; les collèges étaient compris dans cette catégorie (1).

Quant aux modes d'acquisition après décès, ils puisèrent encore leur origine dans les droits de possession et d'affranchissement des esclaves. La corporation agissait à leur égard en véritable patron, elle devenait leur successeur *ab intestat*. Nous avons vu, d'autre part, en ce qui concerne les *navicularii* et *pistores*, comment, en certaines circonstances, ces collèges recueillaient les successions de leurs membres.

(1) *Quia uni consentire non possunt.* D. L. I. § 22. De acq. pos.

Cependant, en principe, les associations ne pouvaient devenir héritières, car la loi demandait au testateur d'avoir une idée absolument nette, *certum consilium*, de la personne qu'il instituait son successeur ; comment satisfaire à cette condition à l'égard d'un collège dont on ne pouvait connaître tous les membres ? Ce dernier ne pouvant, en outre, formuler sa volonté de posséder, n'avait, de ce côté encore, aucun droit à l'hérédité.

La rigueur de cette doctrine fut adoucie par des tempéraments successifs apportés à la législation : ainsi une disposition spéciale aux associations autorisées leur accorda la faculté d'acquérir par legs.

Quant aux autres droits elles les ignorèrent toujours pour la plupart; tels, le droit d'usage dont elles ne purent jamais être titulaires et le droit d'usufruit dont la jouissance leur fut limitée à une période de cent ans.

Les textes sont généralement muets sur la question des créances ou des dettes contractées par les collèges. On ne peut qu'appliquer à ces derniers, par analogie, les principes qui régissaient certaines *universitates*, les municipes, par exemple, dont toutes les dispositions s'appliquaient probablement aux collèges ayant la personnalité juridique, puisque leur organisation avait été empruntée, presque tout entière, à celle des cités.

Les associations ou les collèges de métiers ne se bornaient point, cependant, aux seuls ouvriers. Sous l'influence d'un luxe grandissant et de ses besoins, des sociétés commerciales s'étaient fondées, dont la jurisprudence romaine avait établi la stricte réglementation. Deux formes d'associations surtout semblent avoir eu la faveur du commerce.

D'après les Institutes, on faisait usage : « soit de sociétés de tous biens, soit de sociétés relatives à un seul ordre d'affaires, par exemple, ayant pour objet d'acheter et de vendre des esclaves, de l'huile, du vin, du froment. » Si l'on rapproche les caractères de toute société à Rome, du premier de ces contrats, qui met en commun tous les biens présents et à venir des parties, moins ceux qu'elles pourront acquérir à titre gratuit ou par l'exercice d'une action pénale, on est tout de suite fixé sur le peu de ressort de combinaisons s'accommodant de tels principes, de telles entraves ou de telles propositions (1).

Nous pouvons dès maintenant envisager la double direction dans laquelle se manifeste l'esprit d'association chez les Romains. D'un côté la *société* peut servir de *moyen* à des fins privées. Elle nous apparaît en cette occurrence comme un fait, plus que comme un pacte, dans sa dissolubilité et son instabilité, constituant l'instrument des acquêts communs, qui doivent profiter à chacun de ses membres. La fantaisie individuelle peut largement, avec elle, se donner carrière, puisqu'il est même possible aux contractants d'établir entre eux une communauté générale de biens. On y voit un droit naturel auquel la

(1) Worms.

loi n'apporte que de très rares restrictions, lorsqu'elle interdit la société léonine, par exemple.

Les choses se présentent différemment, dans le second mode d'association, où la société forme elle-même le *but* immédiat et final, devant lequel s'évanouissent et s'oublient chacune des unités qui la composent, où tous les efforts et toutes les volontés convergent vers un objectif commun, sans souci des intérêts individuels. Celle-ci porte en elle comme un droit propre de légiférer sur son organisation intérieure, droit qu'on ne saurait, d'ailleurs, lui refuser, sans restreindre sa vitalité ; une seule réserve s'impose qui lui interdit tout conflit avec les lois de l'Etat : *his autem potestatem facit lex, pactionem, quam velint, sibi ferre, dum ne quid ex lege corrumpant.* Mais le gouvernement comprit le danger qu'il y aurait à laisser jouir les associations d'une autonomie, qui, sous l'empire de l'esprit corporatif, les pousserait fatalement à développer une morale et une politique propres, contre lesquelles il serait impuissant à réagir ensuite, s'il ne prenait la précaution de ne les laisser vivre que d'une vie ordonnée par avance.

Dès lors la constitution de tout collège ouvrier, cessant d'être abandonnée au bon plaisir et à la liberté de ses membres fut soumise au *veto* impérial. Et ce fut une réforme néfaste dont la malheureuse application devait, par ses rigoureuses entraves, étreindre et étouffer ce goût, si vif, de l'association que les difficultés économiques de l'époque avaient tant compromis déjà.

IV

Conclusion.

Nous ne poursuivrons pas davantage notre étude des associations romaines ; elles ont dépensé toute l'énergie dont elles étaient capables, porté tous les fruits que leur pouvait permettre la tyrannie d'un régime qui ne sut comprendre combien d'œuvres utiles, voire grandes et nobles, furent perdues tant pour la vie publique, que pour la vie privée, par la contrainte et l'asservissement, dans lequel il maintint toujours l'exercice de la coopération.

Rome, non plus que la Grèce ni que l'Egypte, ne put parvenir jamais à un complet développement économique, car, au-dessus de ses forces militaires, au-dessus du raffinement de ses mœurs un préjugé regnait : que ni la civilisation, ni le temps, ni les efforts d'une religion et d'une doctrine naissantes n'avaient encore pu déraciner et par lequel étaient condamnées à une impuissance fatale les plus nobles aspirations vers le bien. Car, ce qui domine, dans les temps anciens, c'est l'asservissement, l'exploitation de l'homme, du faible pour mieux dire. C'est le règne du « *væ victis.* » Il n'y a que deux manières de soutenir sa vie : dominer ou être esclave. Autour de ces deux faits roule toute l'histoire économique et ouvrière, et, pendant des siècles, l'abus du pouvoir, l'autorité tyrannique du maître furent ouvertement et scientifiquement considérés comme œuvres naturelles. Le système fondamental des gouvernements était d'entraver la marche des populations serviles ; la religion, la politique, les lois civiles et commerciales prouvent ce fait jusqu'à l'évidence : la cause s'y montre à découvert, les effets suivent.

En Egypte, ce sont les castes dont la dernière, la plus abaissée, est toujours celle des artisans.

En Grèce et à Rome c'est l'esclave, cet esclave qui n'est même plus un homme, qui est un bétail quelconque, un outil parlant, *instrumentum vocale*, une portion du capital de celui qui le possède ; cet esclave qui n'a pas de droits, pas de nom, qui n'a pas de titres, qui n'est qu'une chose et moins qu'une chose ; cet esclave qu'on ne doit pas hésiter, quand il faut opter entre lui et un animal de prix, à sacrifier le premier ; cet esclave enfin qu'on foule aux pieds, non seulement dans son corps, mais dans son âme et pour lequel il n'y a pas de morale, pas de famille, pas de religion, pas de Dieu, c'est une perpétuelle profanation de la dignité humaine, et cette profanation est la base de toute la pratique de l'antiquité.

Comment le travail ainsi abaissé a-t-il pu se relever jamais ? Comment s'est retrouvé l'homme sous cette chose vivante, qui n'avait plus même nom humain ? Une profonde transformation morale a fait ce prodige matériel, car le corps ne fait que traduire les actes de l'esprit.

« Il appartenait au christianisme, écrit M. Rargier, de réhabiliter et d'honorer le travail, d'en faire connaître la raison d'être et la grandeur ; de proclamer que tous les hommes sont égaux, que nul ne doit vivre du labeur d'autrui, que le travail s'impose *à tous*, que lui seul peut avec la prévoyance et l'épargne, c'est-à-dire par le sacrifice et la vertu, produire la vraie richesse et assurer l'indépendance de l'âme, l'inviolabilité des droits individuels, et fournir aux nations les moyens d'échange, de réciprocité dans les services et de pacification. »

Et cependant ces vieilles doctrines, ces antiques préjugés, n'ont pas disparu avec le paganisme et l'esclavage. Leur influence néfaste a longtemps pesé sur le travail : elle y pèse encore grâce aux théories absurdes, nées de l'incapacité morale, d'une fausse aristocratie. Elle a maintenu sur lui cette vieille qualification de *servile*, sous laquelle encore maint érudit se plaît à l'opposer aux arts *libéraux*. Elle a, jusqu'à Louis XIII, empêché la noblesse de se livrer même au grand commerce maritime sans déroger ; jusqu'à hier elle avait réservé l'expression de vivre noblement, à l'acte de vivre oisif et inutile, et la qualification d'ignoble aux gens qui ne vivaient pas noblement.

Quels furent les résultats ? La démoralisation et la misère ; l'absence de toute solidarité.

Les civilisations antiques furent brillantes pourtant, mais ce furent, suivant l'expression de Passy, des civilisations d'exception dont les racines empoisonnées plongeaient dans la fange et le sang. « Que sont, sous le point de vue économique, dit

Rossi, les travaux de l'Egypte, de la Grèce ou de l'Italie, comparés aux produits si riches, si variés, si multiples de la liberté dans le monde moderne? Et quel était, si l'on veut élargir la question, l'état des populations asservies de l'antiquité, à côté de la condition, même la plus humble, de nos libres travailleurs? »

A côté des prodiges d'art et de littérature qui font l'objet de notre classique admiration, des générations d'hommes passèrent sur la terre dans l'opprobre et la souffrance, écrasées, oubliées, méconnues. Non seulement ces foules laborieuses étaient comptées pour rien, et la dignité humaine n'existait pas pour elles, mais de cet état brillant, de cette grandeur apparente qui nous étonne encore, il ne devait sortir aucun profit pour le monde. La torpeur pesait et devait continuer à peser sur ces pays voués à l'oppression et au despotisme.

« En immobilisant le travail au bas de l'échelle sociale, ceux qui en occupaient le sommet se condamnaient à demeurer eux-mêmes, dans l'attente de sa chute fatale, immobiles à ce sommet. »

Et qu'a-t-il fallu pour combattre ces préjugés, pour dissiper cette torpeur? Une impulsion venue du travail libre; l'exemple, la sollicitation de cette liberté laborieuse qui, non seulement se développe sur place, mais qui a besoin de gagner de proche en proche et fait sentir peu à peu sa vertu jusque dans les régions les plus obstinément ancrées dans leur routine.

Un jour vient où cette idée des droits du mercenaire, du respect dû au travail, cette idée de l'égalité des hommes devant Dieu, se révèle à l'univers, et se répand à travers le monde. Non seulement elle se répand, mais elle grandit et elle s'élève. Et c'est alors l'exemple du travail, du travail le plus humble, donné par ce Dieu même qui apporte au monde la bonne nouvelle de la fraternité de tous les hommes, quels qu'ils soient. Et c'est encore cette maxime qui ceint comme d'une brillante auréole le front de la société naissante : « Désormais, il n'y a plus ni Juifs, ni Gentils, ni Barbares, ni Romains, ni Libres, ni Esclaves ; désormais, vous êtes tous Frères. »

DEUXIÈME PARTIE

LE PRINCIPE D'ASSOCIATION AU MOYEN AGE

CHAPITRE PREMIER

APERÇU GÉNÉRAL

Dans Rome païenne, le travail, objet de mépris pour les riches et les lettrés, constituait une dure servitude imposée aux artisans et aux esclaves. De cette époque au xiii° siècle, par une lente progression, l'Eglise catholique, parvenue à son plein épanouissement, avait enfin obtenu de faire rendre au travail sa véritable dignité. En prêchant l'Evangile et montrant Jésus-Christ comme le type du travailleur et le but de la vie sociale, elle avait amené les peuples à la vraie civilisation, c'est-à-dire à celle qui repose non seulement sur les richesses accumulées, mais sur la solidarité humaine et les bons rapports sociaux ; elle avait fait du travail la source de la grandeur publique en lui procurant les deux conditions qui sont le gage de la paix et du bonheur pour la société : la liberté et la stabilité.

Cette grande révolution, l'Église avait mis treize siècles à l'accomplir; il ne lui avait pas fallu moins que ce long espace de temps pour indiquer à l'homme la dignité de sa mission et faire triompher le principe de fraternelle harmonie entre les différentes classes de la population.

L'œuvre avait été ardue : mais ses résultats n'en étaient que plus solidement établis, malgré l'antagonisme latent du pouvoir religieux, qui représentait, avec la morale du Christ, les idées de progrès et d'égalité sociale; tandis que la féodalité, héritière dans une certaine mesure, des traditions romaines et germaniques, montrait encore, par l'abaissement inique dans lequel elle maintenait les humbles, le triomphe de la force brutale et de la tyrannie patricienne. Mais loin d'arrêter l'évolution nouvelle, ces derniers obstacles furent au contraire le barrage contre lequel s'amoncelèrent d'abord les forces sociales nouvelles et d'où, trop longtemps contenues, elles s'élancèrent, sûres désormais de leur nombre et du succès, pour créer ces solides institutions populaires, qui furent les communes, les confréries et les corporations. L'économie politique du moyen âge est toute en cette idée : le *pouvoir du seigneur*, ses abus, puis ceux de la royauté, combattus toujours, annihilés souvent par la force et les entraînements progressistes de la roture, jusqu'au jour où celle-ci, instruite par de longs siècles d'abaissement et consciente de sa force, rompit enfin ces liens par la Révolution.

C'est au début de cette longue période que l'association ouvrière entre désormais dans le domaine de l'histoire et donne vraiment une impulsion nouvelle à la vie politique ou économique des peuples. En France, notamment, les corporations de métiers forment, par leur intervention constante auprès du pouvoir royal, une sorte de représentation de l'industrie nationale dont les avis sont souvent écoutés. Parmi tous les troubles de cette époque, leur organisation demeure stable et immuable, permettant ainsi de rencontrer toujours en elles, l'ordre et le calme qui faisaient tant défaut aux services publics. Fidèles appuis du pouvoir, elles sont, à de rares exceptions près, un des éléments les plus sûrs de la vitalité du royaume, et maintes fois, en des circonstances difficiles, suppléent de leurs deniers à l'insuffisance du recouvrement des impôts. Après avoir puissamment contribué à affermir l'autorité du roi, auquel elles ont sans cesse et exclusivement recours dans leurs réclamations, elles lui fournissent encore, en temps de guerre, des troupes, souvent exercées, parmi lesquelles l'ordre et la cohésion sont indéniables, et d'autant plus acharnées au combat qu'elles défendent non pas seulement un principe, mais la propriété de leurs métiers.

En retour de ces multiples avantages qui aidèrent tant à former l'unité nationale, elles reçoivent de nombreuses preuves de la gratitude du roi, presque toujours leur défenseur, et Charles VI, sept ans après la dure répression, qu'à la suite de la sédition des Maillotins il infligea aux corporations de Paris, mandait cependant encore à ses baill's au sujet des gens de métiers que « ne les molestent, perturbent ou empêchent, ou souffrent estre molestez, perturbez, ou empeschez en aucune manière au contraire », et ce langage pourrait être celui de tous les siècles. On observera toutefois que les gouvernements furent toujours enclins à des relations faciles avec ceux dont la situation pécuniaire pouvait, à un moment donné, compenser largement leurs désastres financiers ; or, qui mieux était en mesure de remplir ce rôle, à cette époque, que ceux qui détenaient en leurs mains le commerce et la fabrication ? Charles VI, Louis XI, Henri III, Louis XIII, furent sans doute dévoués toujours à la cause des associations ouvrières, mais quels bénéfices ne surent-ils pas retirer de cette amitié ? Et cependant dans leur inaltérable patriotisme les corps de métier votaient toujours avec empressement ces contributions *volontaires* trop souvent destinées à pallier les imprudentes dépenses de leur puissant protecteur.

Mais, ce qui, en des siècles de formation sociales, avait été le principal instrument de leur force et de leur fortune, devait, par la suite des temps, devenir l'obstacle contre lequel se briseraient tous les nouveaux efforts vers le progrès, ou le lien trop étroit dans lequel se débattraient, impuissantes, les plus louables aspirations. Cet ordre rigoureux et cette rigidité indispensables à la prospérité de leurs débuts, ne contentaient plus l'esprit de clairvoyance, d'individualité, le besoin d'indépendance qu'une éducation plus avancée et les idées du XVIIIe siècle avaient mises en l'esprit de tout être. Le vieux lien devenait illusoire, on ne le supportait plus que de mauvaise grâce et avec l'idée obscure et latente chez les uns, nette chez les autres, de le supprimer en tous points.

En 1776, un édit, dicté au roi par Turgot, puis rapporté sur la résistance des parlements avait préparé les voies à l'œuvre de la Révolution. Incapables de porter remède aux abus qu'ils constataient, les hommes de cette époque crurent trancher le mal en ses racines par la suppression totale de ces corporations qui, utilement revisées et adaptées aux théories nouvelles, auraient pû maintenir les populations ouvrières de France dans le rôle prépondérant qu'elles avaient jusque là joué dans le monde. C'est aux peuples, mieux avisés d'Angleterre et d'Allemagne que cette brutale mesure transmettait désormais cet avantage.

Nous ne pouvons évidemment parcourir en ces quelques pages l'histoire, si souvent redite, des classes laborieuses du moyen âge. Nous bornerons donc nos efforts à une tâche moins vaste en ses développements, mais aussi intéressante par les faits qu'elle constate, et chercherons à montrer comment l'idée de coopération ouvrière que nous avons trouvée dans l'antiquité et à Rome, donna lieu, par une évolution continue au grand mouvement cor-

poratif d'où devaient naître, dans les temps moderne les multiples associations que nous connais-
sons aujourd'hui et qui, toutes, mais à des titres
divers, forment la suite et le développement des
institutions anciennes.

I

Les ghildes. — Les confréries de métiers. — Leur fondation

L'invasion romaine avait produit en Gaule, comme
dans tous les pays conquis, une situation économique dont les éléments étaient à la fois fournis par
la richesse des vainqueurs et la ruine des vaincus,
par un commerce intense, d'une part, et une misère
générale, de l'autre. En ce pays, que César avait
trouvé sauvage, sans industrie, les grandes sociétés
commerciales de la métropole envoyèrent leurs
agents à la suite des légions, et, des comptoirs, des
marchés importants s'ouvrirent à Narbonne, Nîmes,
Arles et dans la cité, aujourd'hui détruite, de Gla-
num. A leur suite apparurent les meilleurs ouvriers
de Rome, ses architectes, ses artistes, et des palais,
des temples et des cirques, qui demeurent encore,
somptueux vestiges d'une ère de gloire et de prodi-
galités, s'élevèrent tout à coup. Le gaulois, simple
et frugal, avait soudain connu les raffinements de la
civilisation la plus avancée de l'époque, mais, dé-
possédé de ses terres par le vainqueur, il n'avait pu
prendre sa part des richesses que celui-ci retirait

de l'exploitation de ses conquêtes ; les guerriers et les prêtres monopolisaient à leur profit les biens et le pouvoir. Et c'est ainsi que l'habitant authocthone vint, presque étranger et pauvre, au milieu du luxe romain ; mais actif, intelligent il sût se mettre au courant de la civilisation et s'approprier avec une merveilleuse facilité les industries et les institutions de l'envahisseur. Il créa des routes, améliora la navigation fluviale. La population servile étant peu considérable, son travail était moins méprisé. A l'exemple des ouvriers venus de Rome il s'érigea en collèges, et la réprobation générale ne les atteignit point ; ils vécurent et prospérèrent même quelquefois sous la domination romaine. Un monument que les fouilles de l'Hôtel-de-ville de Paris mirent au jour durant le siècle dernier, fait remonter au règne de Tibère la création des *nautes parisiens*, dont l'emblème figure aujourd'hui encore dans le blason de la capitale. D'autre part des services de portage étaient créés entre le Rhône et la Loire, la Seine et la Saône, l'Aude et la Garonne (1) et le peuple de Gaule regagnait ainsi par une assimilation constante une part des pertes subies. A son tour il prenait conscience de sa vigueur et de sa vitalité propres, entrevoyant déjà la possibilité de secouer le joug : des émeutes éclataient. Le mouvement insurrectionnel, que favorisaient ailleurs les mêmes causes, se dessinait sur divers points de l'Empire dont les barbares attaquaient déjà les

(1) Levasseur. — *Histoire des classes ouvrières*, I. P. 45.

frontières. Et Rome, usée par ses richesses, ne pouvait réagir.

Au début du v° siècle les empereurs incapables de dominer plus longtemps la Gaule l'abandonnèrent à ses envahisseurs. Après avoir reçu de la domination romaine les premiers principes d'une civilisation artistique, nos ancêtres allaient puiser dans la race germanique les éléments d'une organisation sociale déjà forte.

Aucune constitution politique ne régissait cependant ce peuple formé de multiples associations dans lesquelles dominait seulement l'idée très élémentaire d'attaque ou de défense communes (1). Mais ce principe, si généralement répandu parmi les peuples à civilisation embryonnaire, présentait chez les Germains un perfectionnement fort curieux dont les résultats devaient, malgré maints obstacles, se manifester dans la suite des siècles : cette institution particulière était la ghilde (2).

Cette association fut, à ses débuts, une vaste société de défense et de secours mutuels, d'un caractère assez mal défini. Un serment solennel et des banquets périodiques — ou ghildes — réunissaient les membres et les tribus disséminés sur les divers points du territoire.

Les expéditions lointaines ne purent que multi-

(1) César, *De bello Gallico*, IV, VI.
(2) Sur la ghilde, Hegel, *Städte und Gilden*; Drioux, *De la ghilde germanique*, Scirllaz, *Les Sociétés de secours mutuels*; Levasseur, *Histoire des classes ouvrières*.

plier cet esprit d'association. Les circonstances nouvelles, le séjour au milieu de contrées inconnues af-
fermirent davantage encore, en les perfectionnant,
les liens qui unissaient leurs membres. Avec le
calme relatif qui suivit la conquête, les idées s'élar-
girent et les institutions qui n'avaient autrefois en
vue que la guerre et le butin, firent place à des sentiments de mutualité plus nobles. Les statuts de la
ghilde du roi Eric, qui sont aussi les plus anciens
documents connus sur ce sujet, offrent, en un curieux rapprochement, le tableau de la brutalité des
mœurs germaniques et des coutumes pieuses introduites par le christianisme.

« Si un convive est tué pour un non convive et si
des convives sont présents, qu'ils le vengent s'ils
peuvent; s'ils ne le peuvent, qu'ils fassent en sorte
que le meurtrier paye l'amende aux héritiers du
mort.

« Si un convive a tué un non convive, homme
puissant, que les frères l'aident, autant qu'ils peuvent, à sauver sa vie de tout danger. S'il est près
de l'eau qu'ils lui procurent une barque avec des
rames, un vase à puiser de l'eau, un briquet et une
hache. S'il a besoin d'un cheval qu'ils le lui procurent et l'accompagnent jusqu'à la forêt.

« Si quelqu'un des confrères, contraint par la
nécessité, s'est vengé d'une injure à lui faite et a
besoin d'aide dans la ville pour la sauvegarde et la
défense de ses membres et de sa vie, que douze des
frères, nommés à cet effet, soient avec lui jour et

nuit pour le défendre et qu'ils le suivent en armes de sa maison à la place publique et de la place à sa maison, aussi longtemps qu'il en sera besoin.

« Si quelque convive a souffert d'une catastrophe pour ses biens et n'en a rien pu sauver, il recevra trois deniers de chacun de ses frères.

« Si quelque convive tombe malade que les frères le visitent et, s'il est nécessaire, qu'ils veillent auprès de lui. S'il vient à mourir, quatre frères nommés par l'ancien, feront la veillée autour de lui, et ceux qui auront veillé porteront le corps en terre, et tous les convives l'accompagneront » (1).

Dès le début, la ghilde germaine s'était placée, suivant l'universelle coutume, sous la protection d'une divinité choisie parmi sa mythologie nationale, l'Eglise, sous le patronage d'un saint, lui substitua son influence propre qui devait modifier, avec tant de bonheur, l'esprit et les coutumes des temps primitifs.

De cette immixtion certains auteurs concluent à une filiation parfaite de la ghilde à la confrérie de métiers, basant leur opinion sur les nombreuses similitudes de statuts qui, dans l'une et l'autre régissent les œuvres de bienfaisance, de secours mutuels ou les pratiques pieuses. On ne saurait évidemment opposer à cette théorie une négation absolue, mais, admise dans son ensemble, elle méconnaît cepen-

(1) Aug. Thierry, *Cons. sur l'histoire de France*. Ch. V, page 222.

dant un des points essentiels de l'histoire politique de la ghilde.

Sans doute les confréries religieuses empruntèrent beaucoup à ces associations, devenues si puissantes, que dès le ix⁰ siècle elles se trouvaient répandues sur tout le nord de l'Europe, mais leur origine demeure distincte et se trouve, pour la plus large part, intimement liée à celle des corps de métiers. A une époque assez imprécise, une scission s'était produite dans l'organisation des ghildes. Sous la pression du clergé, quelques-unes avaient complètement dévié de leur destination première pour se transformer peu à peu en des associations où l'exercice en commun des pratiques du culte était devenu le but principal poursuivi par leurs membres De nouveaux statuts, plus en rapport avec la destination nouvelle avaient été progressivement substitués aux anciens et ainsi s'était créée une sorte d'institution à la fois religieuse et laïque, dont l'existence et celle des confréries furent quelque temps parallèles.

Mais cette scission née d'une divergence de but, loin d'entraver le progrès de la ghilde primitive, parut au contraire favoriser son essor par l'indépendance qu'elle lui procura. Son programme, désormais sans rapport avec la religion, devint purement civil et même politique. Une large place y fut encore réservée à la mutualité, mais son caractère social demeura au sein des institutions nouvelles avec toute sa rudesse d'antan. La ghilde s'érige aussi bien contre les pouvoirs établis que contre les particuliers pour la défense de ses membres et devient, dès lors, une cause de troubles et de coalitions. Bientôt proscrite par l'Eglise (1) dont elles avaient rejeté la tutelle, elles furent encore en butte aux interdictions du pouvoir royal inquiet déjà de leur développement et de leur indépendance. Un capitulaire de Karloman (884) s'exprime ainsi à leur égard : « Nous voulons que les prêtres et les officiers du comte, ordonnent aux villageois de ne point se réunir en associations appelées ghildes, contre ceux qui leur enlèveraient quelque chose, mais qu'ils portent leur cause devant le prêtre ou l'officier du comte ». Malgré ces craintes et ces proscriptions que l'Eglise et le roi, ardents à défendre leurs privilèges, renouvelaient encore aux xiie, xiiie et xive siècles (2), à cause d'elles peut-être, les ghildes conservent l'incontestable mérite d'avoir marqué au cours de notre histoire sociale les premières tendances vers un régime de liberté ; à elles revient une large part des influences qui poussèrent à l'émancipa-

(1) Concile de Nantes vers 658.

(2) Concile provincial de Rouen, 1189. Arrêt des princes de l'Empire à Worms en 1231. Coutumes générales citées par Simon de Montfort : *Nulli barones, milites, burgenses sive rurales audeant aliquo modo se colligare, mediante fide aut sacramento aut conjuratione maliquam facere, etiam csub prætextu confratriæ nisi de assensu et voluntate domini. Quod si aliqui fuerint comprobati taliter conjurasse contra dominium, tam ipsi quam res eorum, in manu et voluntate domini..... Excipiuntur autem ob hujusmodi pœna negotiatores aut peregriniqui sibi jurant pro societate sua servandam.*

tion des villes, car elles constituaient vraiment la plus grande force de résistance qui restait aux populations agglomérées, (1) contre les pouvoirs féodaux. Elles fortifièrent l'esprit de solidarité, commettant des abus, peut-être, mais largement compensés par leurs services, dont le moindre fut la coalition des faibles contre le fort.

Ainsi, des ruines que les Germains avaient semées sur leur passage, une institution s'élevait qui transformerait bientôt le régime économique de notre pays et produirait, par la création des franchises municipales et des communes jurées un des plus glorieux résultats de l'association libre.

En Allemagne, l'influence des ghildes fut plus considérable encore ; dès le début, elles prirent une tournure plus régulière et plus légale qu'en France, formant davantage un auxiliaire utile au gouvernement, qu'un élément d'opposition contre lui. Les empereurs dont elles servaient les intérêts, favorisèrent leur développement, n'usant de rigueurs contre elles qu'à de très rares intervalles et à la suite de troubles intérieurs.

Il en fut, à peu près de même en Angleterre, où la date de leur introduction demeure imprécise.

---

(1) Nous ne considérons dans le cours de cette étude que des associations ouvrières *urbaines*, les ouvriers des champs n'ayant jamais dans le cours de l'histoire pratiqué ni même connu le principe de la coopération : la loi du 21 mars 1884 fut la première, en France, à propager cette idée parmi eux, au moyen des syndicats agricoles.

Londres possédait déjà au xe siècle, une association puissante, la Cinhten Gild, qui fut sans doute le type sur lequel se modelèrent les autres, dont le succès est affirmé au siècle suivant par les statuts de la grande ghilde de Cambridge. Elles paraissent avoir toujours exactement rempli leur mission sans vouloir dépasser le but poursuivi.

Nous sommes donc loin, on le voit, de la filiation directe que certains se plaisent à reconnaître entre la ghilde et les confréries de métiers. Par l'étude de ces dernières, la diversité de leurs caractères ressortira mieux encore et si quelquefois leur marche tend vers le même objet, ce n'est point en vertu d'un plan combiné, mais d'une accidentelle rencontre.

Tout concourait d'ailleurs à grouper alors les intérêts isolés. L'éducation romaine avait éduqué les esprits, mais ruiné les contrées et sur cette misère déjà grande, les invasions successives des Germains, des Francs, des Wisigoths, vinrent amonceler de nouvelles ruines. Puis ce furent encore les guerres de Pépin, de Charlemagne, les incursions normandes achevant de dévaster un pays où le commerce et l'agriculture avaient été détruits presque sitôt connus. Un isolement général, dans la perpétuelle crainte du voisin, fut le résultat immédiat; les luttes générales amenèrent les luttes intestines et de ces rivalités naquirent la défiance dans la vie et l'égoïsme dans le travail.

Mais dans les villes du Midi surtout, la conscience

du passé existait encore à l'état de tradition assez précise. Là demeuraient, libres de tous liens, quelques vestiges des corporations romaines.

C'étaient, ainsi que l'attestent diverses inscriptions du musée d'Arles, — car on ne connaît guère que par des documents très incomplets l'existence des associations industrielles et commerciales de la Narbonnaise, — les *navicularii*, les *nautæ druentici*, les *utricularii*, les *fabri novales*, les *centenarii*, les *fabri tignarii*, etc On trouvait à Lyon des *negociatores vinarii corporati* et des *nautæ arare*. La ville de Nîmes, où la vie ouvrière était toujours intense, possédait un *præfectus fabrum* ou directeur des travaux publics, et nous avons cité plusieurs fois déjà l'importante corporation des *nautæ parisienses*.

La misère, rendant à l'ouvrier le sentiment de sa juste valeur, l'avait affranchi de son antique asservissement. Le pouvoir de l'Eglise s'était affermi, exaltant avec elle l'œuvre des artisans. Les cathédrales avaient été les premières manifestations de notre travail national et autour d'elles, sous leur juridiction et fortes de leur abri, tels les vassaux autour du suzerain, avaient prospéré les premières industries locales.

Quoi d'étonnant, dès lors, à la religiosité des artisans ? Ils ne connaissent encore que deux pouvoirs : l'atelier qui les fait vivre, l'Eglise qui les protège, et de cette idée naît la transformation en confréries religieuses des antiques collèges d'ouvriers romains.

L'association ouvrière présente donc, au Moyen

Age, deux principes distincts dont nous suivrons les développements à travers les vicissitudes de son histoire : l'un, avec la confrérie de métiers se borne à la stricte organisation de l'atelier intimement liée à l'observation des préceptes religieux, l'autre, plus large dans ses vues, poursuit un progrès social qu'il borne à cette époque, aux seules idées d'une liberté plus grande et de sécurité.

C'est à ce dernier que nous nous arrêterons d'abord, en recherchant quel fut le rôle de l'association dans la conquête des libertés communales contre le pouvoir des seigneurs, pour nous étendre plus longuement ensuite, à l'étude de la coopération ouvrière proprement dite dans la confrérie et les corporations de métier.

II

Les communautés ouvrières et le pouvoir féodal

L'établissement du pouvoir féodal avait embrassé, dès le début, les villes comme les campagnes : des baillis, au nom du seigneur, exerçaient le pouvoir sur les unes et sur les autres, rendant la justice et prélevant les impôts. Toutefois, de bonne heure, une situation juridique particulière avait été instituée au profit des agglomérations urbaines. Le système féodal, aisément, s'imposait avec toute sa rigueur sur les malheureux colons que l'isolement et la faiblesse livraient à sa tutelle ; mais une incompatibilité profonde s'était élevée entre lui et les cités. La raison d'être devenait ici incertaine, le nombre des habitants, leur esprit plus cultivé, rendaient inutile la protection que lui demandaient les ruraux. La population ouvrière qui composait en grande majorité les centres urbains suffisait amplement à leur défense, tandis que l'intervention du seigneur ne pouvait que nuire au développement du commerce ou de l'industrie, alors seuls représentants de la fortune et partant, objets de convoitise à la fréquente rapacité du suzerain. Ce fut une réaction universelle, stricte déduction du manque d'élasticité du système féodal et que l'Allemagne, l'Angleterre, l'Espagne, les Flandres éprouvèrent tour à tour. La monarchie capétienne, tout en restreignant, prudente, sur ses propres domaines, ce mouvement vers l'émancipation municipale, se fit, par politique, — aurait-elle pû, sans risques, s'opposer à cet élan? — son protecteur sur les terres seigneuriales. La Charte de 1814, profitant de cette tutelle, proclamait avec une évidente partialité que : « l'autorité tout entière résidant en France dans la personne du roi, ceux-ci n'avaient point hésité à en modifier l'exercice suivant la différence des temps ; c'est ainsi que les communes durent leur affranchissement à Louis-le-Gros, la confirmation et l'extension de leurs droits à saint Louis et à Philippe-le-Bel. » C'était par un sentiment fort noble, mais malheureusement intéressé, réunir en la personne du roi l'initiative et les mérites de son peuple. Développer les villes privilégiées était évidemment, pour la monarchie, étendre son pouvoir contre la féodalité, aussi, de bon cœur, accueillit-elle toujours, pour les confirmer, les chartes de franchises présentées par les communes, jusqu'à ce qu'une théorie nouvelle lui concéda, comme un droit propre, l'institution des villes libres. Mais ce ne fut pour le pouvoir royal que l'heureuse conséquence d'une situation, d'un entraînement social dès longtemps établis par une partie de la population.

Des échevins ou *scabini* nommés par le seigneur et choisis parmi les notables, avaient, dans l'ancien droit féodal, la charge de rendre la justice ou, plus exactement, de dire le droit. Ce fut contre cette institution privilégiée que portèrent les premiers efforts de la roture, suivis de l'heureuse transformation suivante : les échevins auxquels fut confiée, à côté de leurs fonctions juridiques, la libre administration de la cité, furent désormais élus par le peuple, dont ils devenaient ainsi les véritables mandataires (1). Une partie du pouvoir tombait aux mains des habitants, le seigneur ne conservant plus qu'un droit de confirmation sur les décisions prises par ces nouveaux conseils dont l'influence devait être si considérable sur le développement des libertés municipales.

Mais ce premier résultat eut été difficilement atteint sans une organisation puissante pour pré-

(1) Wauters, *Les libertés communales*, p. 604. — Luchaire, *Les communes*, p. 173.

senter et soutenir de son autorité les revendications des bourgeois. Les corporations d'artisans et surtout celles des marchands, dont se composait la ghilde, s'attribuèrent toute l'importance de ce rôle. Imposées et rançonnées par l'autorité seigneuriale qui ne pouvait faire peser que sur elles les charges de son entretien, elles étaient encore mieux disposées que nulle autre, par la cohésion et la solidarité de leurs membres à s'élever contre les abus. Leur commerce ou leur production, étant encore les seules ressources possibles pour assurer les finances du domaine, elles demandèrent, en premier lieu, une part dans son administration, plus par économie, peut-être, que par ambition, car leurs intérêts privés coïncidaient bien souvent, sinon toujours, avec ceux de la cité. Aussi, l'organisation municipale devient-elle très souvent le propre des corporations qui en nomment les officiers et quelquefois même concentrent tout le pouvoir entre leurs mains. Il en fut ainsi pour la municipalité de Paris que composa l'ancien collège des *nautæ parisienses*, devenu la corporation des *marchands de l'eau* faisant l'importation des marchandises par le cours de la Seine (1). Le même phénomène se produisit encore pour la ville de Saint-Omer (2), où la ghilde des marchands conquit les franchises municipales en quelque sorte pour son

(1) De là provient le titre de prévôt des marchands que le maire de Paris conserva toujours dans l'ancien régime.

(2) Giry, *Saint Omer*, p. 153, 275, 281.

propre compte, devenant, dans l'organisation établie le seul représentant de la ville.

Pour certains pays, l'Angleterre par exemple, on a été jusqu'à soutenir qu'il y avait toujours identité à l'origine entre la corporation des marchands et le corps municipal ; si cette thèse paraît trop absolue elle contient cependant une grande part de vérité (1).

Ces transformations furent rarement concédées spontanément par le seigneur, il fallut souvent pour l'y contraindre le triomphe d'une insurrection, longuement préparée, ou parfois aussi un contrat pécuniaire. C'était alors un pacte par lequel le seigneur, pour une somme déterminée, abandonnait aux municipalités les droits ou une partie des droits dont il disposait sur elles : les habitants achetaient leur liberté. Les moins privilégiés obtenaient ainsi l'abolition du servage et des tailles arbitraires, une fixation précise des taxes et des droits pécuniaires qui restaient dus au seigneur ; la personne des citoyens étaient garantie contre les arrestations et les emprisonnements arbitraires et leurs biens contre les réquisitions et les erreurs injustifiées. Ces villes avaient enfin le droit de posséder, d'acquérir des biens et d'en utiliser les revenus.

Ailleurs les négociations des ghildes et des corporations furent plus fructueuses encore et voici les principaux droits qui furent reconnus, grâce à leur intervention, à certaines municipalités.

(1) Esmein, *Hist. du droit français*, II, chap. V, p. 301, 302,

1° *Le droit de justice,* par lequel la société féodale manifestait principalement la puissance publique. Il avait, pour les villes qui pouvaient en jouir le grand avantage de procurer aux bourgeois un privilège semblable à celui que réclamait l'homme de fief, c'est-à-dire le jugement par ses pairs, puisque cette juridiction, à l'exception de certains cas toujours réservés à la compétence du seigneur, était exercée par les officiers municipaux. Toutefois lorsque la municipalité était représentée par une corporation de marchands celle-ci avait naturellement compétence pour statuer sur les règlements du négoce et leur violation (1).

2° La législation municipale, amenait avec elle des attributions d'autant plus larges, que l'idée même d'une législation générale était alors totalement inconnue et que chaque titulaire d'une justice pouvait, à son gré, faire des bans et des règlements sauf intervention royale, ou autre (2).

3° Le droit d'imposition qui persista jusqu'à la fin du xvı⁰ siècle.

4° Le droit d'organiser une force armée, qui mettait la ville privilégiée à même de faire des expéditions contre ses ennemis propres et quelque exorbitant que nous paraisse aujourd'hui cet usage, il

(1) *Le livre des sentences du parloir aux bourgeois,* p. 104 et suiv.

(2) Lorsque l'on voulait enlever ce droit à une ville, la charte le disait expressément : charte d'Amiens, art. 50 « *Banum in villa nullus potest facere nisi per regem et episcopum* ».

n'avait rien de surprenant dans une société où les guerres privées étaient toujours licites.

La formation des communes jurées dessine avec plus de vigueur encore l'œuvre des associations dans la conquête des libertés populaires du moyen âge. C'est par un coup de force ou à prix d'argent que les villes ont, jusqu'ici, acquis leurs franchises, la commune représentera une réaction organisée et absolue contre les pouvoirs féodaux ; la forme particulière de sa constitution municipale coïncidera généralement avec le maximum des franchises. « Elle se présente comme une union jurée entre les habitants d'une ville, dans le but de protéger la liberté des personnes et le droit de propriété contre l'arbitraire et les exactions du seigneur et de ses fonctionnaires ; il s'y joint l'établissement d'une juridiction extraordinaire *avec des chefs librement choisis*, maire, jurés ou échevins ; juridiction qui punit par le bannissement, la destruction de la maison ou la confiscation des biens, les délits publics et qui fonctionne en même temps comme autorité administrative pour les affaires de la ville (1) ».

Nous retrouvons ici, quoique sous des noms divers, l'influence des ghildes telles que les avait laissées leur scission d'avec l'élément religieux, c'est-à-dire une *conjuration* politique dont l'assistance mutuelle et le serment sont, comme par le passé les traits essentiels. Elle lutte et triomphe

____

(1) Hegel, *Stadte und Gilden*, II, p. 66.

avec la commune qu'elle fait ensuite reconnaître par le seigneur comme une institution légale et permanente. Le serment qu'elle exige ne comprend pas nécessairement tous les habitants d'une ville : « les roturiers sont bien tenus d'en faire partie, sauf à être expulsés, mais au contraire les nobles et les ecclésiastiques en sont exclus, tout en étant forcés de jurer le respect de ses privilèges (1) ». On ne saurait mieux affirmer l'idée d'union étroite entre les classes ouvrières, qui présidait à toutes ces entreprises.

Ainsi que les villes privilégiées les communes jurées s'arrogèrent les droits utiles au libre exercice de leur liberté. Concurrement à la justice seigneuriale elles établirent une législation propre qui, bientôt demeure seule en vigueur, sans exception même pour les cas ordinairement réservés à la connaissance du suzerain. La compétence s'étendait encore au dehors de ses murs : elle citait, en effet, devant elle l'étranger, qui avait commis un délit contre un bourgeois dans la ville ou la banlieue et s'il ne comparaissait pas, la commune partait en corps pour aller détruire la maison de celui qui était venu porter la violence chez elle et refusait de répondre devant les magistrats.

Ainsi de l'union de tous, les libertés naissaient, non comme nous les comprenons aujourd'hui, mais telles quelles pouvaient se produire à une époque

(1) Esmein, ouvr. cité, II, chap. V, p. 314.

où l'on ne se figurait les droits politiques sous une autre forme que celle du fief ou de la seigneurie. Le travail par les corporations, supplantait partout où elles existaient l'autocratie tyrannique et souvent inutile du seigneur ; nécessaire, pour la force de ses armes aux temps de formation, ce dernier devenait maintenant par l'organisation politique de son domaine l'obstacle le plus redoutable au développement du commerce et aux progrès de l'industrie. Pendant des siècles encore, son pouvoir et son égoïsme allaient maintenir sur la France l'isolement qui ruinait ses provinces, car les transactions s'établissaient avec peine entre seigneuries dont les possesseurs, jalousement inquiets des richesses qu'elles produisaient, refusaient par des droits exorbitants toutes productions venues du dehors. Cette crainte de la concurrence extérieure, cette opposition systématique à tous progrès résument l'œuvre néfaste de la féodalité au point de vue économique, non pas seulement en France, mais en tous les pays où ce régime pût s'établir à demeure et imposer aux populations l'étroitesse de ses vues, qu'une ignorance profonde pouvait seule excuser. L'ignorance, tel fut, en effet, le mobile voulu, érigé même en un stupide principe de cette désastreuse politique. Borné dans sa politique, seulement occupé de ses intérêts propres, plutôt tourné vers le brigandage à main armée que vers la protection de ses vasseaux, le seigneur féodal, à de bien rares exceptions, nous apparaît aujourd'hui comme l'ennemi le plus acharné de toute unité nationale et comme le symbole de l'opposition la plus systématique qui ait été, à tout progrès industriel ou moral. Et ce fut un grand mérite pour les corps de métiers, pour les ghildes, de représenter, à eux seuls, tout ce qu'il y avait en notre pays d'intelligence et d'initiative, pour l'opposer triomphantes, à l'orgueil des forts, et créer enfin, dans la société féodale, cette bourgeoisie, nouvel état, auquel incombait dès lors la glorieuse tâche de collaborer, par son travail et ses subsides, à l'édification de la souveraineté royale qui devait assurer la grandeur de la France.

CHAPITRE II

I

**Confréries et corporations. — Leur rôle. — Leurs statuts. —
Causes de leur décadence.**

Le besoin de secours ou d'appui, intimement lié
aux conditions politiques, a toujours été le mobile
de toutes les associations en général : lorsque le gou_
vernement est faible elles tentent de suppléer à son
impuissance, lorsqu'il est fort, elles secondent son
action, lorsqu'il est tyrannique elles s'insurgent
contre lui. Telles furent aussi, suivant les époques,
les diverses étapes que parcoururent les confréries
et les corporations ouvrières.

Nous avons vu quelle fut, dans ses grandes lignes,
l'importance du rôle politique que jouèrent ces associations durant la période féodale; il nous reste à
examiner, quoique vagues, la nature des liens qui
les rattachent aux anciens collèges ouvriers, le caractère des confréries par rapport aux corporations,
pour terminer enfin par l'étude des institutions
sociales que fit germer le principe même de la
coopération.

L'idée d'association professionnelle sous l'ancien
régime, se présente tout d'abord, sous les deux
formes principales qui absorbèrent à elles seules

toute la vie ouvrière : *la confrérie et la corporation ;
l'une était l'âme du corps de métier, l'autre sa forme
professionnelle*, et toutes deux, ainsi que nous l'avons vu dans les périodes précédentes remontent à
la plus haute antiquité. Il pourrait donc paraître
superflu de s'attarder à discuter la question de leur
priorité parmi nos classes ouvrières, si de nombreux auteurs n'avaient cherché par de savantes
déductions à établir, sur ce sujet, une théorie définitive.

Sans prendre aucunement parti dans cette controverse, nous nous bornerons à constater que l'élément religieux fut toujours, dans l'histoire ouvrière, le promoteur du plus grand nombre des
associations ; qu'il parcourut ensuite une évolution
uniforme, au cours de laquelle son pouvoir et ses
attributions, considérables d'abord, déclinent au
profit de l'élément civil, dont l'union a développé
les forces et l'initiative, jusqu'au jour où l'indifférence et le besoin d'émancipation poussent enfin ce
dernier à rompre avec cette pieuse tutelle.

D'autre part, cependant, nous ne devons point
oublier que les corporations ne furent, en France,
qu'une suite à peine interrompue des collèges romains, que chez ces derniers aussi la décadence
générale avait entraîné un relâchement considérable dans les coutumes et les mœurs, et que ce ne
furent, par suite, que des associations dans lesquelles les pratiques religieuses n'existaient plus
qu'à l'état de tradition, qui s'implantèrent dans les

villes de la province romaine. Mais les conversions opérées par le christianisme, en donnant au peuple une ardeur nouvelle pour la foi, rendirent au caractère religieux des collèges toute sa vitalité de jadis, dont l'action se répandit non plus seulement sur l'homme, mais sur l'organisation sociale dans son ensemble.

Ces croyances façonnèrent la société dans toute l'Europe, et l'unité du dogme créa partout, malgré les diversités de détail, l'unité dans le régime et le gouvernement des métiers, en sorte que l'œuvre que nous étudions en France est également conforme aux corporations étrangères.

La pratique du travail dans les arts et métiers fut, pendant longtemps, inséparable de celle des devoirs religieux : c'est pourquoi les textes anciens appellent indifféremment confrérie ou corporation tout corps de métiers, non, comme on pourrait le croire, par suite d'une organisation unique, mais parce que chacun d'eux était à la fois représenté par ces deux institutions, ayant chacune leurs charges distinctes.

Dès la fin du premier siècle de l'ère chrétienne, les classes ouvrières, en Gaule, étaient déjà soumises entièrement au régime des institutions romaines. Sans elles, en effet, l'industrie eût été dans l'impossibilité de naître et de s'émanciper, car il fallait être fort pour vivre dans une société où, seule, la force constituait encore le droit. Un individu isolé, sans nom, n'ayant d'autre fortune que le tra-

vail de ses mains, aurait infailliblement succombé :
une société pouvait résister, et cette résistance fut
d'autant plus efficace, qu'elle était basée sur des
croyances religieuses qui assuraient à tous, la paix.
Mais c'étaient là d'insuffisants matériaux pour constituer l'œuvre immense des confréries, et sans doute,
la seule influence de la tradition romaine eût été
trop faible pour déterminer un tel courant.

Pendant longtemps, la stabilité dans les affaires
ou même la sécurité des personnes furent trop in-
certaines pour permettre à des établissements particuliers d'exercer un négoce ou une entreprise
quelconques. Trop d'orages bouleversaient encore
la vie ouvrière pour laisser à celle-ci la tranquille
possession de l'humble capital nécessaire à l'exercice d'un métier, dont les produits d'ailleurs eus-
sent été d'un difficile écoulement. Pour se produire
avec fruit, le travail industriel demandait alors des
conditions particulières, que l'on croirait impossible
à cette époque, si les monastères ne leur avaient
donné l'appoint de leur puissante organisation.

A part les quelques collèges qui subsistaient avec
peine dans le midi de la France, tout le travail nécessaire à l'entretien de la population s'exerçait
ordinairement en commun dans des logis spéciaux,
placés, le plus souvent, sous la protection immé-
diate du seigneur ou du roi. Hommes et femmes
étaient ainsi répartis en des ateliers distincts, où la
besogne de chacun, pauvrement rétribuée, s'effec-
tuait sous des règles et des conditions fixes, mais

dans lesquelles on ne retrouve aucun des caractères qui nous occupent actuellement.

Il n'en est pas de même dans les communautés religieuses. Celles-ci, déjà fortes, constituaient un pouvoir dont l'influence se faisait d'autant plus vivement sentir, qu'elle était bienfaisante à tous. Les travaux manuels constituaient la principale occupation de leurs membres ; ceux-ci, suivant leurs aptitudes, s'employaient, non seulement à l'intérieur du monastère, mais au dehors de son enceinte, et le moine représentait alors, plutôt un ouvrier, qu'un religieux, tel au moins que nous l'entendons aujourd'hui. Il ne recherchait aucun gain, et cependant la production dépassait toujours chez lui les besoins de la consommation ; il redoutait peu l'hostilité des voisins, car s'il était bon travailleur, il était aussi bon soldat, et les faits d'armes à l'actif des monastères ne sont pas rares dans l'histoire ; l'association désintéressée de l'effort de tous lui fournissait, en outre, les perfectionnements qui, si longtemps, le maintinrent à la tête de l'industrie.

On ne saurait donc, sans parti pris, méconnaître l'autorité considérable qu'eurent, sur la vie sociale et ouvrière, ces hommes liés à la population laborieuse de leur contrée, vivant de sa vie propre, se livrant aux mêmes travaux et le dominant encore de toute la grandeur de leur caractère sacré. Ainsi, comme une sorte de transition entre la vie religieuse et laïque, de nombreuses associations, dont les statuts empruntaient une partie de leur règle, naquirent à l'ombre protectrice des monastères. Se réunissant seulement pour faire le bien et prier, elles ne furent jamais un ordre constitué ; d'autres, au contraire, et ce furent d'abord les plus nombreux, se dévouaient, à l'exemple des *frères pontifes* et de Saint Bénézet, le plus célèbre d'entre eux, à l'exercice d'une profession d'intérêt général et se transportaient ensuite sur les divers lieux où leurs travaux devenaient nécessaires. Sous l'influence toujours plus considérable de l'Eglise, cette constitution ne tarda point à se généraliser, et ce qui n'était autrefois parmi les corps ouvriers qu'un vague souvenir du passé, devint ainsi, par le dévouement et l'autorité morale d'un petit nombre, une règle généralement admise.

Mais cette heureuse impulsion donnée par le clergé régulier devait malheureusement subir un notable ralentissement lorsque, vers le xie siècle, la prospérité des monastères et une direction nouvelle donnée à leurs travaux vinrent modifier leurs rapports avec les populations. Une distinction s'opéra qui, laissant aux mains des frères convers les travaux manuels, autrefois attribut de tous, dirigea les efforts des moines vers des études intellectuelles, sources d'inappréciables monuments sans doute, mais qui les détournaient en partie, de ceux auxquels ils avaient prêté jusque-là un si généreux appui.

Peu nous importe donc de savoir maintenant si la corporation suivit ou précéda la confrérie et de rechercher à ce sujet une règle que nous croyons impossible, car, dans les deux sens, les exemples abondent et se trouvent soumis à une série de conditions de lieu et de temps dont la diversité rendrait l'énumération trop longue et d'ailleurs inutile.

La plus ancienne confrérie ouvrière dont l'organisation nous est aujourd'hui connue, est celle des marchands d'eau de Seine, fondée à Paris en 1170, viennent ensuite celles des drapiers de la même ville en 1188, des chirurgiens en 1270, des notaires en 1300, etc.

Elever les cœurs de la terre vers le ciel, tel fut le principal objectif de la confrérie, l'idée dont on retrouve l'expression en tête de tous les règlements où *« les confrères déclarent se réunir pour le salut de leur cause, pour rendre gloire à Dieu tout-puissant, à sainte Mère Marie, la reine des cieux. »* C'est encore ce sentiment qu'expriment les tailleurs de pierre de Strasbourg : *« Tout chrétien, disent-ils, est tenu de songer au salut de son âme. Mais cette pensée doit surtout frapper les maîtres et les ouvriers, auxquels Dieu a fait la grâce d'élever, par leur art et leur travail, des églises et d'autres monuments précieux, et de gagner ainsi honorablement leur vie. La reconnaissance doit donc pousser leur cœur de chrétien à accroître le service de Dieu et à se sanctifier ainsi. »*

La pratique des devoirs religieux, et par suite celle de la charité et des bonnes œuvres, fut donc le but multiple des généreux efforts des membres des confréries.

Entièrement distincte de la corporation, quoique formée des mêmes éléments, elle était placée sous l'intervention d'un saint qui passait pour avoir exercé la profession des confrères et dont l'image resplendissait sur la bannière du métier. Aux jours de grande solennité religieuse, celle-ci marchait en tête de la corporation, et de là vint cet usage de confondre le métier, avec son drapeau, et d'appeler indistinctement « bannière » les communautés ouvrières elles-mêmes.

Cependant la composition de la confrérie n'était pas nécessairement la même que celle de la corporation. Elle pouvait, en effet, comprendre : ·

Les gens du métier en général,

Les maîtres ou les compagnons seulement,

Des personnes étrangères.

Mais, dans tous les cas, l'entrée demeurait strictement soumise aux conditions de réputation intègre et de moralité, qui constituaient une des principales forces de ces associations. Car cette confiance réciproque illimitée, qui créait en la confrérie une seconde famille, demandait, comme la corporation, mais avec plus de soin peut-être, un contrôle rigoureux sur le caractère des postulants. Ce n'était pas seulement le vice, mais le soupçon de vice qui devenait un motif d'exclusion, tant qu'une éclatante justification n'était pas intervenue pour donner libre cours au caractère charitable et fraternel, dont chacun des membres était animé. C'est en vertu de cet esprit que la confrérie fut la créatrice de toutes les institutions d'assistance que permettaient la situation économique et les mœurs de l'époque. Elle-même n'était, en somme, qu'un vaste bureau de bienfaisance, alimenté par les nombreuses cotisations, amendes et deniers à Dieu, dont les quelques articles que nous extrayons de statuts de la *confrérie des tailleurs maîtres et compagnons du métier et art de la couturerie de Nantes,* (1771) peuvent donner un aperçu détaillé (1).

Art. 7. — *A esté ordonné et statué que chascun maistre dudit mestier payera et sera tenu de payer, par chascun lundy de chascune sepmaine, deux deniers pour lui et pour sa femme ; en outre payera sa femme pour son entrée une livre de cire, et chascun compagnon dudit métier payera ung denier chascun lundy de chascune sepmaine ;*

Art. 8. — *A esté statué et ordonné par les dessusdits que chascun serviteur demeurant avec lesdits maistres et austres dudit mestier gaignaient argent payeront un denier par chascun lundy ;*

Art. 9. — *A esté statué et ordonné que lesdits maistres et compagnons seront tenus lever et cueillir lesdits deniers, chascun lundy de la sepmaine par les maisons et domiciles d'iceux ;*

Art. 10. — *A esté statué et ordonné que de chascun serviteur, aprentif et serviteur non gaignant argent, que chascun desdits maistres prendre pour demeurer o luïs, il en répondue des uns chascun serviteur d'une livre de cire ;*

(1) M. Blanc. *Les corporations de métier*, p. 88.

Art. 11. — *A esté ordonné et statué que foix et quantal que il sera fait en cette ville de Nantes un compagnon dudit mestier ou plusieurs, la tierce partie du debvoir du pourpoin sera mis au profit de ladille confrairie ;*

Art. 12. — *A esté statué et ordonné que la moitié du debvoir ou biensvenus, qui seront levées sur les serviteurs nouveaux venus dehors de laditte ville de Nantes, pour demourer et besoigner à lesdits maistres, sera mis au profit de laditte confrairie et l'autre moitié esdits compagnons ;*

Art. 13. — *A esté statué et ordonné que si aucuns desdits maistres offençant l'un contre l'autre, la tierce partie de l'amende sera mise au proffit de laditte confrairie ; et pareillement, si aucuns desdits compagnons, qu'ils soient à leurs pièces ou à louez, offencant contre aucun desdits maistres, la tierce partage de l'amande sera semblablement au profit de laditte confrairie ;*

Art. 14. — *A esté statué et ordonné que si aucuns compaignons ou serviteurs dudit mestier voudro'ent changer de maistre ; il payera pour chascun changement quinze deniers, dont la moitié ira à laditte confrairie et l'autre ès compaignons ;*

Art. 15. — *A esté ordonné et statué que si aucuns compaignon ou serviteur ou austres dudit métier venant d'autruy païs pour demourer et tenir ouvrouer en ladite ville de Nantes, ils ne pourront lever ou tenir ouvrouer en laditte ville, s'ils ne payaient un marc d'argent dont le duc notre sou-*

verain seigneur prendra et en aura le tiers, et les deux autres tiers iront au profit de laditte confrairie, sinct ceux qui ont esté présents aux assemblées cy-devant et qui tenaient ouvrouer pour lors seront exceptés et sont cy-devant dénommés ;

Art. 16. — A esté ordonné qu'il y aura deux boëlles fermant chascune de deux clefs, et sera l'une desdittes boëlles grande et l'autre petite ; et en la plus grande seront mis les biens et trésors de la-ditte confrairie et sera mise en garde en la maison d'un desdits maistres, lequel sera choisi et éleu par entre eux ;

Art. 18. — A esté ordonné et statué par les des-susdits que la petite boëtte sera portée chascun lundy de sepmaine, par ung desdits maistres et deux com-paignons pour lever et cuillir les deniers dessus dits, et si aucuns desdits maistres ou compaignons font reffus d'aller lever et cuillir lesdits deniers chascun en son rang, ils payeront pour chascun deffault, deux livres de cire à laditte confrairie, s'ils ne informent d'excusation valable.

Art. 22. — A esté statué et ordonné par les des-sus dits que nul ouvrier dudit métier, venant d'au-truy païs, ne pourra besoigner besogne neuve es maisons des demourans et habitans en ladite ville et faubourgs fois et excepté ceux dudit mestier qui tiennent ou tiendront ouvrouërs en chambre à la peine de ceux qui y seront trouvés delinquant, de payer à laditte boëtte par chascun deffault cinq sols monnoys. »

Sans nous étendre davantage sur un sujet que nous traiterons plus particulièrement en examinant les services matériels rendus par les corporations, nous ne pouvons cependant omettre ici une forme d'assistance, très généralement répandue dans les confréries et qui donne une haute idée, si l'on songe que la grande majorité des ouvriers faisait alors partie de ces associations, des sentiments de solidarité et de vraie fraternité que l'on trouvait parmi les classes laborieuses.

En plus de l'assistance mutuelle ordinaire, les confrères étaient tenus d'assister à ce que l'on appelait *les honneurs du corps*, c'est-à-dire aux solennités religieuses de la vie domestique, telles que les baptêmes, les mariages et les enterrements (1). Les confrères qui s'associaient aux joies de la famille, s'associaient aussi à ses deuils. Ils avaient suivi le nouveau-né au baptistère, la jeune épouse à l'autel, ils suivaient les morts à leur dernière demeure, fournissant eux-mêmes par une pieuse coutume, les torches et les draps funéraires. Comme la famille, ils cessaient tout travail le jour où celui qu'ils venaient de perdre était conduit au cimetière. Et il y avait dans ce deuil collectif, dans cette fraternité que la mort elle-même ne pouvait détruire, quelque chose de touchant et de noble.

Nous retrouvons encore dans les statuts de la confrérie des tailleurs de Nantes, qui sont d'ailleurs

(1) Monteil. *Hist. de l'industrie française.*

comme le type de tous les autres, une minutieuse réglementation de ces honneurs :

Art. 2. — *Ont ordonné et statué que le lendemain de la feste sera célébrée une messe de requiem, semblablement à notte (chantée), pour les frères et sœurs décédés de ladite confrairie et autres trépassés ;*

Art. 4. — *Ont ordonné et statué que quand ung desdits maistres ou compagnons irait de vie à trépassement, il lui sera célébré à son enterrement ou à son service dix messes, dont une y aura vue à notte de requiem et quatre grandes torches, avec quatre pillets environ la châsse, et pour le conduire jusques à l'église de son logis ; et pourra avoir ledit luminayr à l'enterrement et au service s'ils voyent l'avoir affaire, et pareillement les femmes estantes en ladilte confrairie ;*

Art. 5. — *A esté statué et ordonné par les dessusdits que les serviteurs du mestier qui ne seront pas compaignons et aurait contribué à payer les debvoirs de ladille confrairie, cy après doclarés durant l'espace d'un an ou plus ; ils auront à leur enterrement chasqu'un ung messe, dont une sera de requiem à notte, et auront durant le service quatre petites torches et aussi pour les conduire de leur logis à l'église, et ne le auront que uone fois ;*

Art. 6. — *A esté statué et ordonné que ceux qui n'auront pas payé et contribué auxdits debvoirs l'espace d'un an, et seront décédés en celui an n'auront pas le service comme ceulx qui auront payé et contribué de longtems.*

L'administration de la confrérie était annuellement conférée à un prévôt assisté de plusieurs conseillers parmi lesquels un procureur et un trésorier.

Ces nominations se faisaient avec une grande solennité, et suivant certains usages, le jour de la fête du patron choisi par la confrérie. Le prévôt n'entrait en charge que le soir, pendant les vêpres, lors du chant du *Manificat* : au verset *deposuit potentes de sede* l'ancien prévôt déposait les insignes de son autorité et regagnait le banc commun des frères, tandis que le nouvel élu commençait son gouvernement. On appelait cela faire le *deposuit*.

Les attributions de ces fonctionnaires et du prévôt en particulier étaient essentiellement variables. Les statuts de la confrérie établissaient, au préalable, l'étendue de ces pouvoirs, sans qu'aucune règle se soit jamais généralisée à cet égard.

Cependant le prévôt représentait toujours la confrérie, dans les cérémonies publique ou il figurait en grand apparat portant dans ses mains le bâton, signe de son commandement ; il avait aussi le devoir de visiter les malades et d'assister les mourants de l'association, de convoquer toute personne dont les avis lui paraissaient utiles pour la direction des affaires, et enfin de régler les amendes à payer par les gens du métier. Cette charge, comme toutes les autres distinctions honorifiques, était ouverte à tous ; l'égalité chrétienne la plus absolue régnait au sein des confréries, où une contribution plus forte de la part du riche était le seul indice d'une hiérarchie sociale.

Il semblait difficile qu'une institution basée sur d'aussi justes principes pût un jour dégénérer : il en fut pourtant ainsi et les mêmes causes amenèrent sa disparition en France, qui à Rome avaient attiré sur elle les sévérités du pouvoir.

Suivant la coutume païenne, des banquets périodiques, des *frairies*, expression heureuse, qui signifiait à la fois confrérie et bonne chère, avaient été institués aux divers jours de fête religieuses. Plus fréquents dans la suite, ils étaient devenus souvent l'affaire principale des réunions et dégénéraient en orgie. C'était un scandale regrettable, sans doute, mais qui n'eût point menacé l'existence des confréries si des abus, plus graves en leurs conséquences, ne s'étaient introduits parmi elles.

Nous avons vu comment par les efforts combinés des ghildes et des corporations, de nombreuses villes du royaume avaient été, dans l'ancien droit, érigées en communes jurées. Des succès obtenus le souvenir demeurait vivace, entretenant au cœur des associations ouvrières, en même temps que le sentiment de leur puissance sociale, une inclination très marquée à intervenir dans l'administration de la chose publique. En de nombreuses circonstances, le pouvoir royal avait eu à réprimer déjà de dangereuses émeutes, dont les confréries de compagnons avaient été les instigatrices.

L'esprit d'opposition qui ne pouvait se faire jour

dans les corporations présidées et convoquées, par les gens du roi, s'était refugié dans les confréries s'y donnant libre cours, dans leurs banquets surtout où le vin exaltait les têtes, déliait les langues et faisait taire les craintes et les scrupules (1).

Ne représentaient-elles pas d'ailleurs la majorité de la classe ouvrière, c'est-à-dire de la population française et pouvaient-elles sans regrets, assister à la diminution de leurs anciennes prérogatives au profit de la classe noble qui n'était guère parvenue au pouvoir que par la faveur royale ? Toute initiative et toute richesse émanaient d'elles et voici qu'un nouvel amoindrissement les frappait encore : les gens de métier avaient été jusqu'alors appelés à occuper ces charges de maires, d'échevins et autres qu'ils avaient eux-mêmes créées, désormais les notables seuls y seraient nommés. Un arrêt du Parlement de Paris prononçait cette exclusion le 30 janvier 1530 et de nombreuses divisions semblables suivaient encore pour les autres bonnes villes.

En outre les assemblées des confréries étaient secrètes et le mystère qui les couvrait ne pouvait laisser indifférente l'attention du gouvernement. Le protestantisme avait éclaté s'attaquant à la religion romaine et battant en brèche la forme politique de la France qui avait le catholicisme pour base. Il fallait donc prévoir l'explosion possible de cet esprit, au sein des confréries, où l'altération des sentiments religieux rendait la transformation facile. Comment

(1) Ducellier. *Hist. des classes laborieuses*, p. 224.

ne pas craindre que le voile qui les abritait ne dissimulât un jour des menées révolutionnaires ? La propagande eut alors, comme une traînée de poudre embrasé le pays. Aussi le souverain n'autorisait-il déjà l'établissement des confréries que sous toute réserve ; « pourvu qu'il ne s'y trouve rien de contraire ou de préjudiciable à notre intérêt ou à celui de nos successeurs » disent les lettres de confirmation. François Ier plus hostile encore, coupa le mal en sa racine et supprima les confréries ; les Etats généraux de Blois, renouvelèrent ces dispositions en 1579 ; ceux d'Orléans en 1560.

Ces mesures étaient justes et prudentes. La confrérie avait dévié de son but, les agitations dangereuses qu'elle fomentait au sein du pays ne pouvaient plus, comme autrefois, aboutir à une organisation politique meilleure, mais seulement compromettre la sécurité publique et jeter le discrédit sur les associations ouvrières en général.

La délivrance des confréries était de plus fatale. Le relâchement des mœurs avait amoindri le pouvoir de l'Église sur les classes laborieuses dont la vitalité s'affranchissait d'une tutelle gênante et restrictive. Leurs institutions philantropiques étaient devenues peu à peu le propre des corporations qui avaient encore, suivant les besoins nouveaux, développé ces principes, en leur donnant une largeur de vue plus grande, ainsi que nous le verrons bientôt.

Mais le principe même de la confrérie n'était cependant pas mortellement atteint. Ce que le pou-

voir royal avait voulu détruire c'était l'organisation
et non l'idée qui se maintient toujours au sein des
corporations ; la pratique en commun des devoirs
religieux, quoique réduite, subsiste dans leurs statuts sans aucune opposition de l'autorité. Les abus
qui s'y pourraient produire seraient aisément réprimés d'ailleurs, puisque les assemblées corporatives
se tiennent en présence des officiers du roi...

Puis l'autorité ecclésiastique, renouvelant les anciens édits promulgués contre les ghildes, interdit
par les conciles de Sens et de Cologne tout ce qui
peut être « employé en débauches et le port du bâton à l'Eglise ou hors l'Eglise dont la cérémonie finit
par des festins » ; elle remet en outre, « au soin
des évesques de corriger les abus qui se trouvent
dans les confréries dont l'usage saint est devenu
une occasion de débauche et de cabale contre le
prince ».

Ainsi disparaissent à jamais les derniers vestiges
de ce qui fut d'abord la cause initiale, puis le fon-
dement des associations ouvrières antiques. Leurs
usages s'effacent parce qu'ils ne répondent plus aux
besoins de l'humanité moderne, dont les conditions
économiques nouvelles ont, en même temps que la
liberté, introduit dans la vie du travailleur les dures nécessités de la lutte pour l'existence. Quoique
le régime actuel le maintienne encore dans une sorte
d'asservissement politique, il ne lui enlève plus la
faculté d'atteindre, par son industrie, aux plus hautes
situations de fortune. La concurrence s'introduit

dans la frabrication et le commerce malgré les efforts
impuissants des corporations qui à leur tour, som-
breront dans cette lutte, dont l'issue, si elle leur
était favorable, détruirait en l'ouvrier tout esprit
d'initiative et de progrès.

Avec la grande industrie naissante une nouvelle
classe de travailleurs libres doit apparaître, qui seront bientôt les plus rudes adversaires de la corporation. L'économie sociale se modifie et la classe laborieuse instruite, progressiste, se trouve à l'étroit
dans le cadre invariable que lui assignent des traditions séculaires. Le vieux lien devient illusoire ; on
ne le supporte plus que par habitude et avec l'i-
dée obscure et latente chez les uns, nette chez les
autres, de le supprimer en tous points.

II

**Les Corporations. Leur organisation. Leur rôle dans la
société.**

« La corporation fut le premier degré de l'émancipation du tiers état, le germe de ses libertés politiques. » Séparés, les gens de métiers seraient,
sans doute, demeurés dans une condition analogue
à celle des paysans cultivateurs ; unis, ils devinrent
les bourgeois des bonnes villes et des communes.
Suivant les lois établies par l'usage, la corporation
se constitua la première, précédant la commune,
parce qu'elle était d'organisation plus simple et ré-

pondait à un besoin instinctif de ses membres. En outre, l'indifférence traditionnelle des grands pouvoirs de l'Etat, pour l'amélioration du sort des ouvriers, lui laissait, au moyen âge, le soin de soulager leurs misères, « ne s'occupant pour leur part que d'étouffer les cris des émeutiers ; les soulèvements, les coalitions ouvrières étaient réputés délits contre l'autorité royale, contre le bien de la chose publique, et comme tels, punis de mort. On n'y voyait qu'un fait matériel, dont on ne recherchait point les causes morales et sous le coup de ces lois sans miséricorde, comme sans prévoyance, la révolte était toujours sans pitié ».

Une désastreuse lacune affaiblissait donc l'influence royale. Celle-ci trop occupée à maintenir ses prérogatives, ne songeait pas encore aux doléances du peuple, d'ailleurs impuissant à les manifester, puisque nul ne le représentait. Ce fut pour suppléer à cette organisation incomplète, pour remédier à l'émiettement des travailleurs que, suivant le principe que nous énoncions plus haut, se formèrent les corporations. Le forgeron commença à s'unir au forgeron, son voisin, à lui prêter secours dans l'occasion, à régler à l'amiable avec lui les petits différends que faisaient naître leurs relations journalières et dans lesquels n'aurait pu intervenir la justice brutale du seigneur.

De la coopération sortirent ainsi, sur le modèle des collèges romains, les premières associations ouvrières ; se formant suivant les besoins, disparais-

sant ensuite quand elles n'avaient plus de raisons
d'être.

Elles furent d'abord locales, ne s'adressant qu'à
un petit nombre d'artisans et c'est là leur forme la
plus simple ; avec le développement du commerce
et de l'industrie elles deviennent régionales et s'é-
tendent sur plusieurs provinces à la fois, tels les
merciers de Touraine, d'Anjou et du Maine, les fé-
rons et fossiers de Normandie, les orfèvres d'Alsace,
les bouchers et boulangers du comté de Bitche.

Nous ne saurions donner les éléments précis de
leur organisation car, ainsi que pour les confréries,
ils variaient avec les différentes parties du royaume.
*Jusqu'à la fin du XIIIe siècle les corporations joui-
rent, en effet d'une entière liberté* ; elles se formaient,
se donnaient elles-mêmes leurs règlements et vivaient sans autorisation préalable du pouvoir.
Mais une souveraineté si large ne pouvait encore
exister sans abus : les manifestations malheureuses
d'Etienne Marcel attirèrent sur elles l'attention des
légistes, déjà hostiles à leurs prérogatives, et l'autorisation royale devint alors nécessaire au fonctionnement des métiers.

Il y eut ainsi à Paris, six corps, officiellement reconnus, qui semblent avoir représenté longtemps
la classe laborieuse tout entière auprès de la personne du roi. C'étaient, à l'origine, les drapiers, les
épiciers, les merciers, les pelletiers, les changeurs,
les orfèvres. Leurs chefs portaient le nom de « *gardes* » et se trouvaient de droit échevins de la ville.

Les autres corporations étaient connues sous le nom de communautés d'arts et métiers et leurs chefs sous celui de *jurés*, d'où celui de *jurande* donné aux associations elles-mêmes.

C'est en la personne de ces magistrats que se résume pour nous tout ce qui fit la grandeur, mais aussi la décadence des corporations, c'est-à-dire cette surveillance étroite, cette « garde » rigoureuse exercée sur le travail des métiers et qui avait pour but, non seulement de maintenir en eux le principe de loyale fabrication, mais encore de prévenir toute concurrence. Savory (1) définit aussi leurs fonctions : « Ils indiquent les assemblées des communautés, y président, recueillent les voix, dressent les délibérations, reçoivent les apprentis, sont présents à leur chef-d'œuvre quand ils aspirent à la maîtrise, les reçoivent maîtres, font les visites dans les boutiques ou magasins, saisissent les ouvrages ou mal faits ou défendus, sont chargés des deniers communs du corps, en font observer les règlements et les statuts ; en un mot, ont soin de toutes les affaires de la communauté, »

Les jurés étaient nommés par l'ensemble des maîtres et quelquefois aussi, des compagnons ; ailleurs, chez les foulons et les merciers par exemple, les fonctionnaires sortants nommaient leurs successeurs ; enfin dans les corporations, dont la grande maîtrise appartenait aux seigneurs de la cour, c'est à ceux-ci qu'incombait le soin de ces nominations.

(1) *Dict. univ. du comm.* Jurande.

Il serait superflu de redire ici les bienfaits que l'industrie nationale retira toujours de cette organisation intelligente du travail, qui en plusieurs circonstances même, fut son unique salut ; et c'est à cette conclusion que se range un auteur dont l'opinion nous est d'autant plus précieuse qu'il est ordinairement peu favorable à cette cause. « A l'époque de la guerre de cent ans, lorsque la misère dépeuplait les villes, ce fut encore autour de la corporation que se serrèrent les derniers artisans, sous son abri qu'ils passèrent les plus mauvais jours et qu'ils trouvèrent la force et la protection nécessaire pour reprendre leurs travaux. Elle sauva peut-être l'industrie d'une ruine complète au xve siècle, comme elle lui avait permis de naître et de se développer au xiiie... La corporation cherchait à éviter l'oppression des seigneurs par l'union même de ses membres dans une société de défense mutuelle, et sauvegardait les intérêts de l'acheteur par ses règlements sur la bonne fabrication et ses précautions contre la fraude : elle s'appliquait à moraliser l'industriel, tout en maintenant l'industrie dans la pratique des meilleurs procédés de fabrication.

On ne saurait donc méconnaître ses services, car elle a été la tutrice et la sauvegarde de l'industrie naissante et elle a enseigné au peuple, à se gouverner par lui-même.

Elle a fait plus : elle a donné aux riches artisans des dignités ; aux pauvres, des secours d'argent ; à tous, les joies de la camaraderie dans ses fêtes et ses banquets ; pendant tout le moyen-âge elle a été, avec le christianisme et les communes, la grande affaire des petites gens, la source de leurs plaisirs et l'intérêt de toute leur vie » (1).

La corporation nous apparaît donc avoir joué un rôle prépondérant sur les développements de l'industrie et sur la vie privée de ses membres : c'est à ce double point de vue que nous nous placerons pour étudier en elle les conditions économiques du travail au moyen âge, et les institutions diverses par lesquelles elle améliore la situation matérielle et morale de ses membres.

Travailler chacun chez soi, chacun pour soi, et faire légalement sa besogne, telle est la formule par laquelle on peut résumer les principales obligations professionnelles des artisans soumis au régime des corporations. Quelque singulière que paraisse d'abord cette prescription, que l'on s'étonne de trouver appliquée à des communautés fondées sur le régime de l'association, elle n'en fut pas moins la base sur laquelle reposèrent longtemps les institutions ouvrières de cette époque.

Chaque atelier devait constituer un tout complet, suffire lui-même à une fabrication déterminée à l'avance, et dont les conditions demeuraient invariables. Ce sont ces principes, pourtant si sages et si bien appropriés aux besoins du temps, qui provoquèrent vers la fin du XVIIIe siècle ce reproche, bien

1 Levasseur. *Hist. des classes our :*

souvent répété de nos jours, que les corporations constituaient un monopole et favorisaient la coalition des producteurs contre le consommateur.

Il nous semble qu'il doit en être de cette objection comme de tant d'autres que lancent, avec plus ou moins de bonheur, des esprits prévenus et qu'accrédite l'ignorance de la foule.

Comment ne pas reconnaître, en effet, par l'étude la plus superficielle que tout, au contraire, dans la constitution des métiers, tendait à prévenir les associations commerciales et les accaparements, cause de ruine, pour les petits. Enfreindre cette règle, qui fut toujours absolue, était s'exposer à perdre son état pour cause de coalition et de monopole. L'association des capitaux n'était permise que pour le grand commerce exploité par les hanses, la moyenne industrie ne le connut jamais. Deux maîtres ne pouvaient se réunir, s'associer pour un bénéfice commun. Leurs acquisitions de matières premières se faisaient, non pas à longue échéance, mais seulement sur les marchés publics et sous certaines restrictions. C'est ainsi que nous lisons dans les statuts et règlements pour les maîtres menuisiers de Dijon : « art. 20. Aucuns maîtres menuisiers, charpentiers, tourneurs et autres ouvriers en bois de cette ville de Dijon ne pourront acheter les bois de plan, sciage et de refente, qui seront amenés en cette ville par les étrangers et forains pour y être vendus, qu'au préalable lesdits bois n'ayant été exposez, et restez en vente sur la place Saint-Etienne au profit du public, jusqu'à neuf heures du matin, ainsi qu'il est porté par les anciennes délibérations, *et cela pour obvier à tous monopoles, qui pourraient se faire au préjudice du public, des particuliers et des corps de métiers*; après lequel temps de neuf heures passé, le bois qui restera sur ladite place sera partagé entre tous les maîtres qui s'y trouveront, à l'amiable et sans qu'ils puissent se contrarier, ni empêcher pour ce fait; le tout aux peines ci-devant portées, et par les précédentes délibérations: »

Dans de telles prescriptions, les spéculateurs ne trouvaient certes pas leur compte; et les fortunes ne s'exagéraient pas.

Nous devons faire abstraction complète, pour juger le travail de cette époque, des mœurs qui malheureusement, s'implantent de plus en plus dans le commerce actuel. Jadis il était stable, régulier, loyal, réglementé de manière à satisfaire honnêtement aux besoins du consommateur; actuellement la fraude constitue une habileté, elle envahit tout, jusqu'aux denrées alimentaires de première nécessité, la probité dans la fabrication est taxée de sottise.

Ce qui caractérise la différence entre le présent et le passé, c'est qu'autrefois la réglementation du travail n'était pas dirigée par l'intérêt personnel : le mobile supérieur de l'activité humaine était l'intérêt social. De là ces minutieuses réglementations que nous rapporterons plus loin, prévenant, non pas les falsifications — il semble à la lecture de ces différents statuts que leurs auteurs ne la supposaient même pas — mais les procédés imparfaits qui auraient pu donner lieu à une moins-value de l'œuvre.

Quant au reproche de monopole, il ne repose que sur des apparences et non sur des raisonnements sérieux.

Les communautés ouvrières ne pouvaient avoir, dit-on, de concurrents étrangers sur leur propre territoire. Sans discuter cette assertion, sur laquelle nous reviendrons bientôt, ne pouvons-nous penser que cette prérogative constituait seulement une conséquence logique de l'obligation dans laquelle se trouvaient les ouvriers jurés de ne produire que des œuvres irréprochables ? Cette perfection merveilleuse, garantie des acheteurs, et qui explique la résistance de certains objets, d'apparence fragile, parvenus jusqu'à nous sans déformation, eut-elle été possible si, à côté de ces consciencieux ouvriers, des concurrents non astreints aux mêmes règles avaient pu fabriquer et vendre la contrefaçon de mauvais aloi ?

« On ne peut abandonner l'artisan aux luttes de la concurrence, dit l'auteur de l'*Histoire des classes ouvrières*, que dans un pays assez bien policé pour que les lois générales suffisent à protéger sa personne, ses biens, son travail. Dans ces temps de grossière barbarie, la concurrence loin d'établir un juste équilibre entre les profits du vendeur et les besoins de l'acheteur aurait fait du vendeur la victime de tout homme assez puissant pour l'opprimer, de l'acheteur la dupe de son ignorance. »

Mais cette licence concédée aux corporations ne s'étendait que sur un territoire restreint et non sur toute la France. En effet, quand on considère l'organisation du travail industriel avant 1789, on reconnaît que sur le nombre de 41.600 villes, bourgs, ou villages, dont se composait le royaume, le quatre-vingtième, à peu près était en jurande puisqu'on ne compte que 521 localités soumises à ce régime, même à l'époque où il était le plus répandu (1). A qui fera-t-on croire que, dans ces conditions les corporations aient pu se livrer à un monopole quelconque ?

Nous ne voudrions pas établir que tout était parfait dans leur régime, mais partisan convaincu des indéniables avantages que, de tout temps, les associations procuraient et procurent encore, plus que jamais peut-être, aux travailleurs, nous tenons, à justifier leur histoire des reproches immérités que lui adressent un petit nombre de détracteurs. Sans doute, on doit se réjouir avec eux de la suppression des entraves qui, sous les exigences d'une vie sociale renouvelée, maintenaient trop étroitement notre industrie nationale, mais on doit, dans un esprit non moins libéral, reconnaître aussi l'heureuse influence qu'elles exercèrent longtemps sur elle.

(1) H. Blanc, ouv. cité, p. 312.

Cette facilité de vente, cette assurance que l'on donnait aux communautés comme un gage à leur loyale production, certains l'appellent aujourd'hui monopole et blâment cet abus. Qu'ils regardent autour d'eux et ils comprendront que ces mesures restrictives ne sont pas l'œuvre d'une époque, mais une garantie obligatoire pour certaines entreprises. N'avons-nous pas de nos jours encore, de nos jours surtout, des monopoles bien plus rigoureusement exploités que ceux dont on incrimine les communautés ouvrières du moyen-âge ; l'Etat, les villes ne réservent-elles pas à des sociétés privilégiées l'usage exclusif de certains droits ? Et ceux-là même qui, si obstinément, dénigrent une organisation qui permit tant de chefs-d'œuvre, ne sont-ils pas, sans aucun scrupule, plus ou moins actionnaires de quelques compagnies de chemins de fer, du gaz ou d'omnibus ?

Les corporations ne jouirent cependant jamais de privilèges aussi strictement établis que les nôtres, car la législation, qui, dans une concession destinée à racheter, peut-être, les nombreux emprunts du pouvoir, permit aux ouvriers d'écouler sûrement autour d'eux les produits de leur travail, respecta toujours les droits de tous, *jurés ou non jurés.*

On se représente trop facilement, en effet, la population laborieuse du moyen-âge, comme embrigadée tout entière sous l'autorité des corporations, « conduite au travail comme à la guerre, hiérarchiquement, dit un auteur qui représente encore leurs membres comme étant « plutôt des valets que des hommes libres capables d'opter et de choisir un atelier. »

Mais il y avait à côté de ces « valets » le menestrier, l'ouvrier, l'aloé, qui tout en ayant le savoir professionnel, entendaient vivre indépendants des corps de métier et libres d'y entrer ou de n'y entrer pas suivant leur bon plaisir. Ce personnel ouvrier qui vivait en dehors de la corporation comprenait :

1° Les compagnons qui se retiraient de la communauté.

2° Ceux qui n'avaient jamais sollicité leur incorporation.

3° Les ouvriers que la communauté avait rejetés de son sein comme incapables ou à la suite d'une faute grave prévue par les statuts.

Cette population flottante offrait en partie, ses services passagers aux patrons des métiers jurés (1), elle se réunissait dans ce but, suivant un usage encore en vigueur dans quelques villes de Provence, à une place et à une heure déterminées pour *la louée* ; mais la majorité des ouvriers, se retirant dans cette portion de la ville que l'on appelait *lieux privilégiés*, c'est-à-dire non soumis à la surveillance et à l'inspection des maîtrises, levait boutique et travaillait à son compte. La cité possédait ainsi un corps d'ouvriers jurés et un autre libre de tous liens, capable d'exercer telle profession qu'il lui

______

(1) Ceux-ci ne devaient avoir recours aux ouvriers étrangers qu'à défaut d'ouvriers jurés.

convenait, sans subordonner son travail aux prescriptions en vigueur dans les communautés.

Le plus souvent ces « enclos » étaient situés dans des propriétés monastiques où l'Eglise offrait un asile à ceux qui trouvaient trop lourd le joug de la corporation. Le plus célèbre, celui du moins dont l'existence fut la plus longue est l'enclos du faubourg Saint-Antoine, à Paris. Là s'étaient établies de nombreuses fabriques produisant à bas prix et accaparant aussi une grande partie de la clientèle populaire, qui, soit par une économie mal comprise, soit par défaut de jugement, ne se montrait point trop soucieuse de la qualité des matières premières; le prix de vente seul la frappait.

Le succès de ces établissements spéciaux, quoique considérable, ne reposait donc nullement sur la loyale exécution du travail : ils recherchaient la quantité dans la production, mais non la qualité. Pouvait-il en être autrement, d'ailleurs, puisque de par leur composition même, ils ne renfermaient qu'un très petit nombre d'ouvriers de mérite, les autres comprenant à la fois les « *fruits secs* » des corporations et ceux qu'elles avaient rejetés de leurs ateliers. Et c'est précisément dans les villes, où les maîtrises avaient le plus grand empire, que l'on trouvait le plus de prospérité dans les manufactures et le plus d'activité dans le commerce. On ne voit pas, au contraire, que les petites localités affranchies de toutes entraves se soient enrichies beaucoup (1), car leurs

(1) De la Croix. *Mémoire à consulter*, p. 25.

ouvriers n'eurent jamais la doctrine, la règle, l'ordre qui seront toujours en ce monde les seules conditions de durée et de succès.

A cette production libre, concurrence déjà redoutable, venait s'ajouter encore, pour battre en brèche le prétendu monopole des communautés ouvrières, une autre institution non moins ancienne, ni moins populaire, c'étaient les jours de foire. — Pendant toute leur durée toutes personnes avaient le droit d'y trafiquer de toutes sortes de produits : les privilèges des corps de métiers étaient suspendus et la fréquence de ces marchés, l'importance de leurs transactions, rendaient la perte de ces derniers plus considérable.

On ne peut donc comprendre sur quels arguments se base cette accusation. La situation des patrons de métiers nous paraît, au contraire, avoir toujours été en butte a de nombreuses difficultés venues, soit de la concurrence des lieux privilégiés, où, dès le xvᵉ siècle, la population des travailleurs libres dépassait celle des ouvriers jurés, soit d'impôts particuliers et de mesures financières fort préjudiciables à l'industrie.

Cependant, malgré ces obstacles, les corporations demeurèrent toujours, en matière de fabrication, l'école du beau et du bon, les gardiennes des traditions pures et honnêtes, les modèles achevés de l'art élégant, distingué, de grand style. L'excellence et la loyauté du travail était la préoccupation constante des jurés de chaque métier, et nulle part au monde l'orgueil du producteur n'était porté plus haut qu'en France, ce qui faisait dire à de Vair, au sujet des corporations que les arts et métiers « estaient si desctrement maniez par les villes, *qu'il n'y avait manufacture au monde dont la France n'eut la perfection.* »

Dans la pratique, voici ce qui se passait pour atteindre ce but et s'y maintenir.

« On inscrivit dans les statuts des métiers les cinq principes suivants et l'on veilla à leur constante application. Or, comme ils répondaient au dogme catholique, règle de la société ils furent bientôt universellement adoptés, et on les voit encore pratiqués au moment où la Révolution éclata.

« Premièrement pour empêcher l'écrasement des faibles par les forts et ne laisser la concurrence se développer que sur ce *faire mieux et plus loyal* dont nous venons de parler, l'accaparement des matières premières n'était pas plus toléré, que celui des denrées alimentaires n'était permis au riche, au détriment du pauvre.

« Deuxièmement, la production exagérée, ce fléau de l'industrie moderne, qui provoque l'encombrement des bras, puis le chômage, n'était pas autorisée. C'est une conséquence du paragraphe précédent. Du moment que l'approvisionnement de l'atelier était réglé, la production le devenait aussi. D'ailleurs, la limitation dans certains métiers du nombre des apprentis et des compagnons concourait à assurer cet heureux état.

« Troisièmement, on ne pouvait vendre ou fabriquer que des marchandises de bonne qualité. *L'emploi des matières premières de mauvaise qualité était sévèrement interdit.*

« Quatrièmement, la bonne confection, la loyauté du travail, était la règle de la fabrication et du commerce dans tous les métiers en jurande. Il y avait délit, lorsque la perfection du travail faisait défaut. La législation industrielle a été invariablement catégorique sur ce point, et il n'y a pas lieu d'en être surpris, lorsque l'on sait que le mot *loyal* était ainsi défini : « Se dit aussi de la bonne qualité des choses, de ce qui a les *conditions requises par la loi et les réglements.* »

« Cinquièmement enfin, il était interdit de tromper l'acheteur sur la nature ou la qualité de la marchandise, soit en employant des matières premières défectueuses, soit en mélangeant des matières premières de qualités différentes et que le consommateur n'aurait pu reconnaître, à moins que l'adjonction des unes aux autres n'eût pour effet d'accroître la valeur de l'objet fabriqué.

« Par la même raison, on ne pouvait vendre de la vieille marchandise pour de la neuve, ni vendre la neuve et la vieille en même temps dans la même boutique » (1).

Tels étaient les principes généraux, mais il nous a paru intéressant de joindre à leur exposé quelques statuts publiés par Etienne Boileau dans le

_____

(1) Hyppolyte Blanc. *Les Corporations de métiers*, p. 234.

Livre des métiers. Ils feront mieux savoir encore combien large était l'esprit de la corporation et les soins minutieux par lesquels elle assurait les intérêts du consommateur.

Des orfèvres et de leur mestier (1).

Il est à Paris orfèvres qui veus et qui faire le set, pour qu'il œvre ad us et as coustumes du mestier, qui tex sunt :......

Des serrueriers à Paris et de l'ordonnance de leur mestier.

Il puet estre serrurcier à Paris qui veut, pour tant qu'il ait achaté le mestier du roy (2) ;...

Nus serreuriers ne puet vendre à Paris serreure neuve se èle n'est garnie de toutes gardes, quar èle est fause.

Nus serrueriers ne puet faire clef à serreure, se la serreure n'est devant lui en son hostel (3).

Nus serreuriers ne puet ouvrer fors à la veue del

(1) Quelques auteurs ont prétendu que les corporations étaient fermées à la majorité de la classe ouvrière au bénéfice de quelques privilégiés. A de rares exceptions, la plupart des statuts admettent, au contraire, l'ouvrier du dehors, à la condition, bien entendu, qu'il saura le métier. Nous donnons à l'appui de ce dire, les articles des statuts que nous avons consultés, se rapportant à cette question. On pourrait multiplier les exemples.

(2) L'admission au métier comportait toujours un droit d'entrée variable, dont une partie revenait au roi, l'autre à la confrérie, la troisième à la caisse commune ou aux gardes du métier.

(3) Afin d'empêcher la fabrication de fausses clefs sur la présentation seule de l'empreinte de la clef véritable.

jour de chose qui apartiegne au mestier de serreurie, quar la veue de la nuit n'est pas suffisant à faire si soutil veure come il appartient au mestier de serreurie...

Des couteliers, faiseurs de manches (1).

Quiconque veut estre coutelier à Paris, « ce est à savoir fesceurs de manches à coutiaux dos et de fust(2) et d'yvoire, et faisierres de pigne d'yvoire, et emmancheeurs de coutiaus, estre le puet franchement, pour tant qu'il œvre os us et aus coustumes du mestier.

Statuts des brasseurs de Rouen (3).

Chacun pourra faire le mestier pour ouvrer bien et duement sous la visitacion des gardes.

Statuts des badestanniers de Rouen (4).

1º La soye destinée pour les bas, canons, culottes, camisoles, calçons, chaussons, gants de soyes et autres ouvrages qui se peuvent faire généralement sur le mestiér, sera débouillie dans le savon, bien teinte et desséchée, nette et sans bourre, autant qu'il se pourra, doublée suffisamment, adoucie, plate et nerveuse, en sorte qu'elle emplisse entièrement la maille.

(1) Ces statuts et les précédents datent du xiiie siècle.
(2) Bois travaillé. Ce mot est encore très employé dans la langue provençale.
(3) xve siècle.
(4) xviie siècle.

2° Ne pourront les soyes préparées pour les ouvrages être employées moins de quatre brins, et seront tenus les ouvriers de remonter les talons et les bords sur le métier, même d'éviter avec soin que les talons ne soient cousus, ou qu'il ne se trouve des mailles doublées et des points filés dans leurs ouvrages.

3° Les coutures seront au moins de quatre mailles, la couture double, les ouvrages bien proportionnés et suffisamment étoffés.

4° La soye pour les bas que l'on voudra teindre en noir ne sera teinte qu'après que les bas seront achevés et retirés du métier.

5° Les bas de soye pour homme péseront au moins trois onces et demie, à peine de confiscation et de cent-cinquante livres d'amende.

6° Les bas de soye et laine pour homme seront au moins faits de deux brins de soye et un fil de laine, à peine de cent livres damende.

7° Les bas de laine pour les hommes seront au moins de deux fils sans coupeure ni travail imparfait, à peine de cinquante livres d'amende.....

23. Les gardes feront au moins par an, chacun quatre visites dans les boutiques ou chambres des maîtres qui seront tenus de leur faire ouverture de tous les locaux où il y aura des bas de soye et laine ou autres ouvrages faits au métier, entre lesquels ceux qui se trouveront défectueux seront saisis et présentés à justice ou être jugé de la confiscation sur le rapport de deux des maîtres dudit métier,

dont il sera convenu, au refus par le maître sur lequel la marchandise sera saisie de convenir du vice et défaut, et chaque maître payera pour chaque visite cinq sols aux gardes.

Statuts et réglements pour les maîtres menuisiers de Dijon (1).

« Art. 4. Tous les maîtres menuisiers seront obligez d'employer dans leurs ouvrages de bois de bonne qualité, soit chêne, noyer ou autres, sans pouvoir se servir d'anciens bois piqué, rouge, pouilleux, nœuds percans, obier, ni bois blanc, à peine contre celui qui se trouvera en contravention, de confiscation dudit ouvrage au profit de la ville et de l'amende de six livres. (2)

« Art. 5. Pourront les dits maîtres menuisiers mettre dans les armoires, coffres, et autres meubles d'assemblage ou de semblable qualité qui leur seront ordonnez ou commandez être de bois de noyer, des fonds, paneaux et montans de chêne, pour le derrière et non voyant dudit meuble, commandé seulement ; lesdits fonds, paneaux et montans, bien et ducment travaillez et mis en œuvre, soit en longueur ou largeur, sans aucun défaut ni manquement aux mêmes peines qu'en l'article ci-dessus. Pourront aussi

(1) xviiie siècle.

(2) En homologuant ces statuts, le parlement de Dijon ajouta sur cet article, « que les dits maîtres menuisiers ne pourraient employer dans leurs ouvrages aucuns bois qui n'ayent été coupés depuis trois ans. »

faire les pieds montans, battons, traverses, paneaux
et fonds, tant du haut que du bas, soit des armoires, coffres, qu'autres ouvrages semblables et non
voyans, d'un bon bois bien travaillé et sans défaut,
autre que le bois de noyer, mais non des bois de la
nature et qualité deffendué par le précédent article,
et aux mêmes peines que celles y énoncées.

« Art. 6. Les portes d'un pouce d'épaisseur et
qui seront emboëtées, seront gravées et colées ; celles d'un pouce et demi ou plus seront clavetées à
languettes, avec deffenses d'y employer aucuns bois
çi-devant prohibez. Et quand aux croisées de fenê-
tres, chassis dormans, ceux à verre avec les volets,
le tout sera de bois de chène de bonne qualité et
sans qu'il puisse y être employé aucun desdits bois
ci-dessus deffendus : le tout aux mêmes peines contre les contrevenans que celles portées par l'article 4
ci-dessus. »

Nous trouvons enfin dans une requête adressée au
Parlement, par les maîtres menuisiers de cette même
corporation, l'expression des plaintes et des dommages causés par la concurrence des ouvriers libres.
Cette pièce, très explicite, démontrera mieux que
tout raisonnement la lutte commerciale que soutenaient les communautés et l'inanité de leurs monopoles.

« Et d'autant qu'au préjudice de la maîtrise et
jurande établie, par édit du mois de décembre 1691
dans le corps dudit métier de menuisier de cette
ville, et de la finance qu'il a été obligé de faire à ce

sujet, néanmoins plusieurs marchands menuisiers, tourneurs, charpentiers et autres étrangers et forains amènent depuis peu des meubles qu'ils ont fabriqués, et les exposent en vente, tant en place publique qu'en particulier, et même chez les revenderesses ; ce qui intéresse non seulement le public, attendu la mauvaise qualité qui peut se trouver dans ces ouvrages, quoiqu'achetez sous la foi qu'ils sont bons et loyaux, mais encore porte un notable préjudice à ladite maîtrise et jurande, par rapport à la taxe et emprunt qu'il a fallu faire pour la payer, sans que lesdits marchands forains et étrangers en suportent aucune chose, *ains au contraire, par le grand et fréquent débit qu'ils en fond, ôtent à ladite maîtrise et jurande celui que les maîtres pourraient faire, du moins à même prix, et mieux conditionné que non pas celui de ces étrangers;* pour obvier à tous lesquels abus et inconvénients il plaise à la Cour faire deffenses à tous lesdits marchands menuisiers, charpentiers, tourneurs et autres, forains et étrangers, de plus à l'avenir apporter, exposer, ni faire mettre en vente, tant publique que particulière, par eux ou personnes interposées, directement ni indirectement aucuns de leurs dits ouvrages, qu'au préalable ils n'ayent été bien et duement visitez. »

Aux divers éléments de perfection dans le travail, précédemment énoncés, se joignait encore l'éducation professionnelle et artistique que recevaient les apprentis.

L'enseignement technique était l'objet d'une sollicitude constante de la part des maitres et des jurés.
Ses conditions et sa longueur se trouvaient justement proportionnées à la difficulté de la profession :
on cherchait à former de véritables artistes en
même temps que des ouvriers capables d'exercer
utilement le métier.

Et c'était pour le maître un devoir qu'il accom-
plissait avec d'autant plus d'exactitude qu'il était
pour lui, non pas seulement le résultat d'un pacte,
mais une obligation morale dans son sens le plus
élevé. La limitation même, qui, dans certaines corporations, réglait le nombre des apprentis n'avait
pas d'autres causes : elle permettait de donner des
soins particuliers à la formation de ceux qui étaient
admis, et les amenait, ainsi qu'on le leur demandait pour la maîtrise, à pouvoir exercer leur profession « de tous poinz de soy, sans conseil ou ayde
d'autrui » (1).

(1) *Livres des métiers*, t. LXXXVII.

CHAPITRE III

I

L'assistance et les services moraux dans les corporations.

Nous n'avons étudié jusqu'ici dans les associations ouvrières, que le principe religieux avec la confrérie et l'élément professionnel avec l'organisation du métier, c'est-à-dire de la corporation ; il nous reste à terminer par un examen rapide de l'assistance et des services moraux qu'elles procuraient à leurs membres.

Ces services qu'un seul mot résume, la mutualité, peuvent être cependant divisés en deux branches principales et comprendre : l'institution de secours mutuels, tels que nous les entendons aujourd'hui, et l'assistance morale, qui intervenait plus spécialement dans les rapports entre maîtres et apprentis.

L'âme des anciennes corporations ouvrières s'épanchait sans réserve dans cette double action, il y avait en elle une ardeur de dévouement sans limite dont la confrérie avait été le foyer primitif et que le zèle et la touchante humanité des membres du métier avaient si merveilleusement entretenu, que l'assistance et la solidarité étaient devenues la base même de ces associations. Elles s'exerçaient non point en vertu du rigide accomplissement de quelques statuts — on ne connaissait pas alors les froideurs administratives de l'Assistance publique — mais comme un devoir naturel de la communauté.

L'exercice de cette vertu sociale était même si intimement lié à celui de la profession, que l'on appelait souvent *charité du métier* la caisse d'où provenaient les ressources, et lorsque parfois, celle-ci devenait insuffisante pour le soulagement de toutes les misères, la corporation s'imposait encore une prestation extraordinaire.

Mais cette charité ne s'appliquait pas seulement aux ouvriers : de même que la confrérie ancienne, que nous avons vue s'associer à toutes les joies comme à tous les deuils de ses membres, la communauté s'inquiétait encore des besoins de la famille ; *l'aumône du métier* intervenait alors pour constituer une dot aux filles pauvres et orphelines, elle instituait une rente aux vieillards, apportait des soulagements et des soins aux infirmes. Et ainsi se trouvait réalisé pour les malheureux, dans ses moindres détails, le rêve de retrouver en la corporation, où jeunes ils avaient appris le métier, une seconde famille pour assurer leur vieux jours, recevoir leur dernier soupir et songer à eux encore, même au delà de la tombe, en veillant sur leurs enfants.

Lorsqu'un orphelin de maître pauvre, voulait, en effet, apprendre le métier de son père, il était de droit placé chez un nouveau maître et si celui-ci ne pouvait continuer à remplir son obligation vis-à-vis de l'enfant, ce devoir incombait à un autre. Il en était de même dans de nombreuses communautés où, sans distinction de grade, cette charité s'appliquait aux fils de tous les confrères dans le besoin.

Les carriers agissaient avec plus de prévoyance encore. Chez eux, tout fils de *perrèieur* (1) était membre de la corporation du jour de son baptême. Chaque semaine il avait droit à une hôtée de pierre que son père vendait 10 sous. A sept ans le droit doublait, à neuf ans il était triple. A onze ans les quatre hôtées donnaient 2 livres par semaine : ce prix était maintenu jusqu'à l'âge de l'apprentissage. Il en était de même de l'ouvrier blessé ou infirme et du vieillard qui recevaient par semaine chacun trois hotées du prix de 6 livres tournois. Les veuves touchaient une pension de 100 livres les 6 premières années de leur veuvage ; elle était ensuite réduite à 50 livres. Tout cela se faisait en famille sans titre, sans écrit, sans contestations, sans erreur, par la tradition séculaire : les jeunes gens s'en rapportaient au dire et à l'usage de leurs pères (2).

L'assistance mutuelle se manifestait en outre, dans les corporations, par *l'aumône générale*, dont les produits étaient destinés à secourir ceux qui étaient « appeticiés » de leur état c'est-à-dire déchus ; en

____

(1) Ouvrier de carrière.
(2) Husson. *L'Industrie devant les problèmes sociaux et économiques*

vertu des lois de l'association quand un confrère tombait dans la gêne sans qu'il y eut faute ou désordre de sa part, les associés devaient lui fournir soit des secours périodiques, soit une certaine somme, dont la restitution ne devenait obligatoire qu'au jour où il pourrait « revenir sus » en ses affaires (1). En voici un exemple.

Jehan Courtépée, maître orfèvre, demeurant rue de la Croix-du-Trahoir, cessa ses payements le 12 juillet 1598. La corporation fut saisie de l'affaire. Elle reconnut que ce malheur provenait du grand âge du commerçant, de ses infirmités, triste cortège de la vieillesse. En raison de cette « défaillance » elle répara la perte, qui était de trente mille livres, et nomma Pierre Asselin, premier compagnon inscrit pour passer maître, gérant de la maison Jehan Courtépée. De plus, elle fixa les appointements du gérant à huit cent livres et les paya mensuellement jusqu'au décès du titulaire, c'est-à-dire jusqu'au 12 janvier 1606 (2).

Voici quels étaient sur ce sujet, les statuts des corporations des selliers et des pâtissiers de Bordeaux.

« Si aucun mestre ou compaignon deudeyt mestey tombane en maladie en maneyre que non posqua gaigner sa vite, les dicts compte et bourcey seran

---

(1) Nous avons, au cours de cette étude, remarqué plusieurs fois déjà l'invariabilité de certains principes des associations ouvrières. Nous retrouvons encore ici celui qui fut, en Grèce, la base des *éranes* et à Rome, quoique moins précise, celle des *sodalités*.

(2) *Gazette municipale* 16 février 1856.

tingudz de ly borilhar cascune sepmane la somme
de vingt-quatre auditz, par ainsi que si leydict mestre ou compaignon retourne en santat et a de que sa-
tisfar, sene tungud de rendre et restituir à ladite
tout l'argent que aux recebut, comme deit es. »

« Si lous cas advent que aucun des dits confrais-
rie malaud et non aye de que se pensar et alimen-
tar, les mestres dudict mestay, compte et bourcey seran tinguts de baillar audit malaud douze ardicts per
cascune sepmane de l'argent de la brusty, tant que
sene malaud ; et au cas que le dudict malaud angin
de vie à trépassement et n'aye de que se fare enter-
rar, los bayles seran tinguts de le far ensepuelir (1) ».

D'ailleurs l'aumône générale, telle que nous la
voyons organisée, n'était pas seulement une affaire
de bienfaisance mutuelle, mais une sorte d'hom-
mage solennel rendu aux malheureux par les artisans enrichis, car, bien souvent au moyen âge, la
misère était traitée comme une sorte de fief envers
lequel les grands pouvoirs de l'Etat, ainsi que les
magistratures urbaines étaient astreints à des rede-
vances utiles et honorifiques. Dans toute cérémonie
publique les pauvres avaient leurs places, et les fêtes
annuelles des corporations étaient aussi les leurs.
« La confrérie de Saint-Paul lui réservait quinze places dans ses repas et les y traitait avec de touchants
égards, les faisant asseoir et servir les premiers, à
côté des plus riches confrères, exigeant seulement

(1) Laurent. *Le paupérisme et les associations de prévoyance.*
p. 207.

qu'ils se présentassent avec une tenue convenable. Le repas de la confrérie des drapiers était l'occasion d'abondantes aumônes en nature. Il avait lieu le dimanche, après les étrennes, à moins que la confrérie de Notre-Dame ne tombât ce jour-là. Les pauvres de l'Hôtel-Dieu recevaient chacun un pain, un morceau de bœuf ou du porc et une pinte de vin, et les femmes de l'hospice, nouvellement accouchées, un plat (*mez*) tout entier. La même quantité de pain et de viande avec le double de vin (une quarte au lieu d'une pinte) était distribuée aux prisonniers du châtelet ; les gentilshommes, qui se trouvaient parmi eux, avaient deux plats. Tous les Jacobins et les Cordeliers étaient gratifiés d'un pain d'un denier fort. On donnait à tous les pauvres qui se présentaient un pain et, lorsque le pain était épuisé, une bonne maille. Le pain et le vin de reste revenaient aux maladreries et aux Hôtels-Dieu de la banlieue qui le demandaient. On voit que la charité avait sa place dans des réunions dont le plaisir semblait être le seul but : elle s'exerçait encore en temps ordinaire, soit au sein même de la confrérie, soit au dehors (1) ».

Ce dernier trait vise moins particulièrement notre étude, mais sert à démontrer que si les secours ainsi obtenus ne procuraient à la misère qu'un soulagement passager, ils avaient du moins l'avantage d'entretenir l'esprit de charité, et d'établir des rapports bienveillants entre ceux qui possédaient

(1) Faguez. *Études sur l'industrie et réclame industrielle de Paris* aux XIIIe et XIVe siècles, p. 38.

et ceux qui ne possédaient pas. Et nous ne pouvons nous défendre d'établir sur ce point, objet des discussions modernes, une intéressante comparaison entre les mœurs du moyen âge et celles de notre siècle de progrès dont tant de libertés politiques forment l'apanage ; aux malheureux de jadis, le pouvoir réservait une place en ses fêtes, en affirmation de la solidarité humaine : il leur oppose aujourd'hui un service d'ordre et les bureaux de l'assistance publique !

Cependant, si multiples qu'ils fussent, ces actes de charité s'effectuaient surtout suivant la tradition et les coutumes courantes ; ils manquaient dès lors du caractère de stabilité et de prospérité qui pouvait seul assurer leur avenir. C'est pourquoi, outre l'argent, les vivres et les secours en nature qu'elles distribuaient aux indigents, les corporations et les confréries avaient, de bonne heure, fondé des hospices et des établissements de charité.

Dès l'an 514, on trouve à Rouen une maison de refuge destinée à recevoir en cas de misère ou de maladie, les ouvriers qui travaillaient à la confection des vêtements. En 1298, les confrères écrivains de la ville d'Orléans font disposer une sorte de chauffoir public pour abriter, pendant les nuits d'hiver, les malheureux qui ne sauraient où loger (2). En 1328, les ménétriers fondent à Paris l'hospice de

(1) Monteil. *Hist. de l'ind. franç.*, etc.
(2) M. Blanc, ouv. cité, p. 302.

Saint-Julien-le-Pauvre pour les soins à donner aux ouvriers infirmes. En 1554 enfin, car la liste de ces fondations serait longue, les orfèvres créent l'hôpital de Saint-Eloy. La plupart des corporations possédaient ainsi, sinon un hospice pour leurs membres, du moins quelques lits qu'elles entretenaient à l'Hôtel-Dieu.

Sur tous les points du territoire florissait cette pratique générale de l'assistance mutuelle, prise dans son acception la plus large, puisqu'elle s'étendait à toutes les infortunes.

Mais quelques communautés, en fondant parmi leurs membres de véritables sociétés de secours mutuels, avaient donné à cette institution un développement beaucoup plus considérable. Telle était, en 1319, celle fondée par les fourreurs de vair pour assister ceux d'entre eux qui ne pourraient travailler par suite de maladie.

« A tous ceux qui ces présentes lettres verront, Henri de Taperel, garde de la prévosté de Paris, salut. Nous fasons assavoir que, comme les ouvriers couseurs de robe urenz à Paris, nous aient supplié humblement que, comme pour le grand travail de leur mestier ils enchient souvent en grieives et longes maladies, si qu'ils ne puent ovrer, il leur convient quérir leur pain et mourir de mesaise, et le plus grant part de eus ait grant volenté et bonne devotion de pourveoir sur les.., de leur dit mestier à leur cous, se il nous plaist, en cette manière, c'est assavoir que chescun qui sera malade, tan comme il sera malade ou impotens... chascune semaine trois soulz parisis, pour soy vivre, et quant il relevera de cette maladie ou impotence, il aura troys soulz pour la semaine qu'il relèvera et autres trois soulz une fois pour soy efforcer.

« Les ouvriers courceurs qui voudront estre accueilliz à ceste aumosne, bailleront chescun dix soulz d'entrée et six derniers au clerc et paieront chescun d'eus chescune sepmaine, un denier parisis ou la quinzaine deus deniers et les seront tenus d'aporter là ou la dite aumosne sera receue, et qui y devra plus de six deniers d'areraiges, il sera débouté son bienfait d'icel aumosne, jusques à tant qu'il ait paié. »

D'autres corporations, celle des couvreurs, par exemple, prélevaient sur leurs cotisations, amendes ou autres fonds, un certain capital qu'elles affectaient, en faveur de leurs membres, au fonctionnement d'une *assurance contre les accidents*, « pour substancer et subvenir aux pauvres ouvriers dudict métier *qui tombent ordinairement de dessus les maisons ou en quelque façon que ce soit.* »

Il nous reste à mettre en lumière une autre forme d'assistance complètement inconnue de nos jours et qui transformait l'atelier en une véritable école de morale, parce que la vie de famille lui servait alors de base. Le maître y exerçait sur le compagnon et l'apprenti l'autorité paternelle avec tous ses attributs : la bonté et la douceur, l'esprit de direction, le souci de les former à l'excellence du travail et de conserver au métier sa haute réputation d'honneur et d'habileté.

L'apprenti n'était pas considéré comme un serviteur, mais comme un enfant de la maison — ce sont les propres termes des statuts — et comme tel, on lui *devait* « le vestir et le chaucier, le boire et le manger. » Il était tenu par le maître « à son pain et à son pot » et dans cette famille industrielle tout était en commun, travail, délassement, joies, peines ou intérêts. On ne cessait de se soutenir, de se fortifier, de se consoler, de s'exciter au bien, afin de laisser après soi un souvenir sans tache, si obscurément qu'on eût passé sa vie dans le monde.

En résumé, la vie de famille a été le pivot sur lequel l'atelier du moyen âge s'est maintenu et a produit ces caractères de bonnes mœurs et d'honorabilité qui, pendant tant de siècles, ont fait sa force et sa puissance.

II

Derniers jours des corporations

Telle a été l'époque brillante des associations ouvrières, mais peu à peu le pouvoir centralisateur restreignit leur liberté, étouffant en elles tout esprit d'initiative.

Jusqu'à Louis XIV, on s'était contenté de puiser largement en leur caisse ; mais sous le règne du grand roi c'est á leur indépendance même que l'on s'attaqua. Dès 1667. un lieutenant de police, ayant dans ses attributions tout ce qui concernait la discipline et l'administration des corps de métiers, remplaçait le prévôt de Paris et le droit de réunion était enlevé aux communautés. Puis vinrent les réformes de Colbert et ce fut alors la protection du gouvernement imposée avec toutes ses charges qui, plus tard, devaient donner de si beaux bénéfices au trésor royal. Les métiers jurés étant, au gré du fisc, trop rares en France, toutes les villes et bourgades durent s'établir en jurandes et pour la création de toutes ces maîtrises payer des taxes telles que la Champagne préférait se racheter à prix d'argent de cette servitude, afin de conserver la liberté de son industrie. D'autres provinces suivirent encore cet exemple et des sommes énormes affluèrent au Trésor ; le roi s'intéressait au sort des travailleurs.

Puis on imposa une taxe sur les métiers déjà constitués, sous prétexte de confirmer leurs privilèges. On continua la vente des lettres de maîtrises et on multiplia les offices en si grand nombre, que, de 1691 à 1709, il y en eut plus de quarante mille de créés. Les corporations étaient invitées à les racheter suivant un tarif fixé par l'intendant de la généralité. Elles obéirent pour sauver le principe de leur organisation ; mais pour satisfaire à toutes ces exigences, elles suivirent, à leur tour, les indications du gouvernement et, comme lui, lorsqu'elles le purent, augmentèrent les droits de maîtrises. Dans certaines corporations les ouvriers pauvres ne pouvaient plus aspirer à ce grade et devaient cependant, en exécution de l'édit de 1673, sous peine d'amende, s'établir en métier juré.

L'élément ancien, qui avait fait la fortune et l'honneur des corporations avait, dès lors, complètement disparu. Elles se trouvaient envahies ainsi par la foule des ouvriers libres qui, jusque-là, avaient vécu sans tradition comme sans règle, sans demeure fixe comme sans famille souvent, et livrés aux passions et aux haines sociales qui fermentaient déjà dans certaines ligues de compagnons.

La famille industrielle est irrémédiablement dissoute, et si certains privilèges, tels que celui de figurer en corps dans les cérémonies publiques, lui demeurent encore, la base de l'édifice n'en est pas moins sérieusement atteinte. La corporation dans laquelle chaque jour s'introduisent de nouveaux abus, n'est plus, comme autrefois, largement associée à la vie publique : la police de ses membres même lui échappe en grande partie. Elle fut jadis un instrument de travail et de progrès industriel, quelles que soient les discussions sur ce dernier point. Elle n'est plus aujourd'hui qu'un revenu pour le fisc, ou un semblant d'organisation ouvrière. Aussi lorsqu'en 1776, Turgot résumait, dans l'introduction de son édit célèbre, les griefs accumulés contre ces institutions, ne faisait-il que reproduire les reproches auxquels avait donné lieu le nouvel état économique imposé aux communautés.

Certes, après l'incorporation forcée des travailleurs, le commerce libre, malgré l'inefficacité partielle de cette mesure, avait reçu de sérieuses atteintes ; battu en brèche, d'une part, par les corps de métiers, de l'autre par les grandes manufactures dont l'importance s'était accrue depuis Colbert, il pouvait, avec raison, faire entendre ses plaintes.

L'élévation des droits de maîtrises qui permettait à une seule classe de travailleurs fortunés de parvenir à ce titre, était encore un grave et juste reproche, mais celui-ci, sans atteindre l'institution elle-même, devait aller frapper le seul coupable, l'Etat. A l'origine, les maîtrises étaient gratuites et seraient demeurées à peu près telles, sans la mainmise du pouvoir royal qui, sauf de rares exceptions, ne vit jamais dans les associations ouvrières et les travailleurs en général qu'un moyen pour satisfaire à ses dépenses exagérées. Tels furent Henri III, qui se servit d'elles pour doter en partie sa sœur Marguerite, puis, par l'édit de 1581, bouleversa l'organisation séculaire du travail en cherchant, toujours dans un but de fiscalité, à étendre même aux villages le régime des jurandes ; Henri IV qui reprit cette idée, malgré les avertissements des Etats de 1588, et les remontrances de ceux de 1614 ; Louis XIV dont nous venons d'examiner la désastreuse législation ouvrière, et Louis XV enfin, qui ne fit rien, mais donna libre cours à l'administration néfaste des intendants.

11

Aussi les doctrines de Turgot, que favorisaient d'ailleurs si bien les philosophes et les économistes modernes, trouvaient en l'opinion publique un terrain merveilleusement préparé. La situation de la classe ouvrière était devenue impossible ; liée par les prescriptions des anciennes communautés, elle ne jouissait plus de la liberté d'action nécessitée par les systèmes industriels récents et malgré les protestations de différents métiers, les corporations étaient définitivement supprimées par l'Assemblée nationale le 14 juin 1791.

Ainsi disparut en France le régime qui, pendant tant de siècles, avait dirigé le travail et imposé ses goûts, ses modèles et ses produits sur tous les points du globe.

L'émiettement des travailleurs succédait aux corporations, car avec elle s'envolait cet esprit confraternel et bienveillant qui animait jadis les membres de l'atelier et d'où étaient nées leur force, leur vitalité, leur puissance même.

TROISIÈME PARTIE

LE PRINCIPE D'ASSOCIATION AU XIXe SIÈCLE

———

CHAPITRE PREMIER

I

De 1789 à 1848

Aux époques de grandes crises sociales les hommes
détruisent aveuglément tous vestiges des régimes
passés, mais reconstruisent rarement : ils font table
rase ; à d'autres, dont l'esprit est plus calme et l'expérience plus sage, de relever les ruines et réparer
l'édifice social dont bien souvent, hélas, l'enseigne
seule est changée ; les matériaux demeurent, eux et
leurs défauts. Et dans cet immeuble, nouveau parce
que les frontons aux séditieuses sculptures auront
été soigneusement grattés, des hommes s'installe-
ront qui, le plus souvent inaptes à refaire en un jour,
ce que d'autres ont mis plusieurs siècles à édifier,
erreront au gré des passions politiques dont ils tiennent leur éphémère pouvoir, ou, s'inspirant du
milieu dans lequel les installe leur nouvelle fortune,
donneront, par quelque habile maquillage, un vernis
d'actualité aux institutions passées. Ainsi, dans les
deux hypothèses, seront déçues les illusions du peu-

ple qui pensait transformer à la fois, par les violences d'un jour, les régimes économiques et politiques d'autrefois.

La *constitution d'un gouvernement nouveau*, fut-elle
un progrès social, *est l'œuvre d'un parti heureux*, fort
de ses revendications, qu'une heure décisive suffit
à faire triompher ; *mais l'ordonnance économique d'une
nation ne peut être que le résultat de mesures sagement
élaborées*, et dans le développement desquelles, un
bouleversement subit doit fatalement marquer un
arrêt prolongé.

Sans rechercher, en de faciles et trop nombreux
exemples, la confirmation de cette théorie, que la
survivance de l'ancienne dîme et de ses abus, sous
le nom plus moderne d'impôt foncier, rend chaque
année plus dure aux agriculteurs, nous en retrouvons
encore la regrettable application dans le sujet qui
nous occupe.

Par un louable esprit de progrès, les corporations
avaient été abolies ; c'était une mesure rendue inévitable par la guerre acharnée qu'elles soutenaient
contre une certaine école, dont les coups leur étaient
d'autant plus funestes, qu'ils partaient de plus haut.
Turgot résuma les griefs, les mit en valeur, par une
opposition savante avec les théories nouvelles ; il
invoqua le monopole, l'élévation des droits de maîtrise, la servitude des compagnons, mais n'eut garde
de remonter aux sources de ces maux, que personne
ne niait, d'ailleurs. Comme remède, il réclama la
suppression radicale de ces associations ouvrières

auxquelles la France devait la majeure partie de sa grandeur industrielle, et que l'ingérence royale et la rapacité du fisc avaient, pour la plus large part, conduites à leur ruine. Et nul ne songea, par une transformation heureuse, à mettre au niveau des idées nouvelles un régime économique qui, durant des siècles, avait donné satisfaction aux besoins des travailleurs, développé les ateliers et assuré l'excellence de notre production.

Malgré la résistance des parlements, l'idée était désormais lancée. On ne fit rien pour porter remède à une situation qui paraissait désespérée. Le besoin de liberté absolue, qu'exaltaient les Droits de l'homme, hantait alors tous les esprits. Leurs immortels principes : « Ne faites pas à autrui ce que vous ne voudriez pas qu'on vous fît ; — faites constamment aux autres le bien que vous voudriez en recevoir » (1), indiquaient la voie qui devait être suivie.

Les violences et les passions s'étaient enfin calmées, la société nouvelle semblait vouloir à jamais effacer tant de hontes et de crimes, par une ère de paix et de justice, dont l'égalité et la mutualité formeraient la base. Les haines sociales, portées à leur paroxysme, avaient en quelques jours, trop cruellement triomphé de l'abaissement passé, une renaissance morale commençait à se produire, amenant avec elle un insatiable besoin d'apaisement et de liberté.

(1) Déclaration des droits et des devoirs du citoyen, précédant la Constitution du 5 fructidor an III, 22 août 1795.

Aux luttes interminables, aux querelles processives des travailleurs enrôlés naguère sous les règlements restrictifs de corporations déviées de leur but, pour répondre aux exigences fiscales, à leur esprit devenu autoritaire et étroit, on substitua la liberté absolue, l'exercice sans entrave de toute profession : « Nul genre de travail, de culture, de commerce, ne peut être interdit à l'industrie des citoyens. »

La législation ouvrière de l'époque, repose tout entière sur ce principe, et malheureusement s'y confine, sans songer à développer davantage ceux des Droits de l'homme ; elle pousse l'indépendance et la liberté à leurs dernières limites, à l'isolement ; elle semble implicitement proclamer quelquefois les bienfaits de la mutualité, mais n'en provoque jamais l'application, tant est encore vivace la mé fiance des contraintes passées.

Renverser les barrières, d'abord, on avisera ensuite. Et le premier acte, par lequel la nouvelle législation signale l'ère de prospérité qu'elle ouvre aux travailleurs, est l'interdiction formelle aux patrons et ouvriers d'une même profession de se réunir, pour la défense de leurs intérêts communs (1). On inaugure ainsi avec l'isolement funeste de l'ouvrier, le régime de la concurrence dans le travail, non pas de cette concurrence qui, multipliant les agents de la production, favorise à la fois les progrès de l'agriculture et de l'industrie, élève de nouvelles familles

______

(1) Loi des 14-17 juin 1791, art. 2.

ajoutant leur contingent à la masse générale des producteurs, réveille l'intelligence et force les concurrents à inventer de nouveaux procédés, des méthodes plus expéditives pour se surpasser mutuellement et accroître la consommation, mais cette concurrence brutale et sans merci que nos économistes modernes ont appelée la *lutte pour la vie*.

Le but avait été dépassé, car le système corporatif, quoique jugé et condamné, avait cependant produit des aspirations et des besoins dont on eut dû tenir compte. Pourquoi ne pas demander à une forme dont l'expansion est sans bornes, dont la flexibilité et les combinaisons sont infinies, tout ce qu'elle pouvait donner, sans empiéter en rien sur la liberté et l'indépendance de l'individu ? La société moderne était assez forte déjà pour combiner sans danger, l'individualisme et la sociabilité.

La résistance des parlements, celle des corporations elles-mêmes, sont un indice frappant de cet état d'esprit qui se maintint d'ailleurs jusqu'à notre époque, soutenant toujours, contre l'hostilité ou sous la simple tolérance des gouvernements, ce principe de l'association professionnelle qui ne cessa jamais d'exister en fait, sinon en droit.

L'association ouvrière, en effet, ne disparut pas. Pendant la première moitié du siècle, les compagnonnages subsistèrent en secret, et, plus tard, on toléra les syndicats ; mais obligées de se cacher ou dépendant du bon plaisir du pouvoir, ces associations étaient impuissantes pour le bien et capables seulement de fomenter des grèves.

Cette loi restrictive était donc non seulement injuste, puisqu'elle méconnaissait le droit absolu, pour les ouvriers comme pour les patrons, de s'associer pour défendre leurs intérêts communs, mais encore inutile, puisqu'elle ne parvenait pas à empêcher les grèves, seul motif de ces prohibitions. Et cette imperfection fut un avantage relatif pour la classe ouvrière, car, si la grève est un moyen de guerre fort dangereux et onéreux pour elle, elle lui permet d'obtenir, quelquefois, par l'élévation des salaires, un bénéfice permanent qui compense, dans une certaine mesure, les pertes passagères qu'elle occasionne. D'ailleurs, ce sont moins les grèves effectuées, qui ont d'heureux résultats, que la simple possibilité des grèves. « L'effet préventif du droit de grève a rendu bien plus de services aux ouvriers que les désordres et les dépenses auxquelles elles ont donné lieu » (1).

Ces prohibitions demeuraient, en outre, à peu près sans effet auprès des patrons, car on ne pouvait empêcher les chefs d'ateliers de s'e tendre secrètement pour abaisser le salaire ou refuser le travail. On aboutissait, en réalité, tout en proclamant l'égalité devant la loi, à favoriser de la façon la plus inique l'une des classes au détriment de l'autre.

Cependant, sous le premier Empire, quelques

(1) M. Leroy-Beaulieu. *Essai sur la répartition des richesses,* p. 308.

tentatives eurent lieu à l'effet de rétablir l'ordre
ancien, c'est-à-dire le régime des corporations, non
pas avec ses défauts d'autrefois, mais mitigé. Le
pouvoir d'alors encouragea ces essais qui s'accor-
daient avec ses principes d'absolutisme. En effet,
sous prétexte d'ordre et de police, mais avec la volonté de les diriger, de les maintenir, on donna
l'idée à plusieurs groupes de commerçants et d'industriels de s'assembler et de nommer des syndics,
ou plutôt des délégués. Des statuts plus ou moins
complets furent dressés, on formula des réglements :
on tenta de ressusciter les communautés. Mais ces
essais ne furent point heureux, car ces réunions ne
firent absolument que végéter. A peu d'exceptions
près, on peut dire même qu'elles passèrent inaper-
çues, car elles ne portaient point en elles cette idée,
seule capable de leur donner à la fois l'existence et
la force, d'assurer leur avenir et l'efficacité de leurs
travaux, cette idée que l'Assemblée constituante
jetait au milieu du monde ouvrier lorsqu'elle sup-
primait une organisation corporative défectueuse,
et que la déclaration des Droits de l'homme devait
élever au nombre des principes immortels, par la
proclamation des bienfaits de *la mutualité* et du
libre jeu de *l'initiative individuelle*.

Toutefois, il faut le reconnaître, elles portaient en elles le germe des associations syndicales.
Des esprits plus éclairés creusèrent la question,
l'étudièrent sous ses diverses faces ; ils eurent
l'idée de former des groupes, des sociétés plus utiles

dont le but devait être de travailler à l'amélioration industrielle et commerciale tout en respectant la liberté et le progrès. Ces hommes d'élite, appartenant à diverses carrières, sont les véritables fondateurs des chambres syndicales actuelles.

Mais les sociétés ou réunions dont nous parlons ici, vivant sous des formes et des dénominations diverses, ne furent que tolérées avec plus ou moins d'indulgence. Elles étaient obligées pour tenir leurs assemblées de demander une autorisation à la préfecture et de subir, pendant toute la durée de la réunion, la présence d'un agent qui devait fournir un rapport. La loi considérait les syndicats comme illégaux ; elle pouvait les frapper comme étant des associations non autorisées. Ainsi du jour au lendemain, ils pouvaient être anéantis : l'Administration les tenait en tutelle.

L'Administration ! Tel était, en effet, immuable, intangible, le pouvoir devant lequel pliaient, depuis un demi-siècle déjà, toutes les forces vives du peuple, car, résultat bizarre, *la Révolution populaire avait principalement abouti à étendre et perfectionner le fonctionnarisme.*

Du sein du désordre sortit une nuée de petits administrateurs despotes, couverts de l'encre et de la poussière des dossiers, la plume sur l'oreille, *l'attendu* et le *considérant* à la bouche. Cette armée dressa ses bureaux, en manière de tente, sur toute la surface de la France et, suivant une progression logique et séculaire, du sein du chaos allait renaî-

tre le monde, mais, pour cette fois, administratif
seulement. Après nous avoir honni, l'Europe nous
allait envier !

Dans l'ardeur de la lutte, dans la tourmente révolutionnaire, le but initial, la réforme à atteindre,
s'étaient éclipsés. Le peuple avait voulu faire à jamais disparaître toute trace du pouvoir royal, et
n'avait que changé de maître : le pavé du roy devenait le pavé de l'Administration !

C'est à tort que sa création fut attribuée à Napoléon : lorsqu'il parut, elle était en pleine activité
déjà, et les pièces cotées et paraphées exactement
qui présidèrent aux opérations les plus folles, aux
mesures les plus désordonnées dans le temps affreux
de la Terreur, en sont une suffisante preuve. Napoléon n'eut garde, il est vrai, de détruire un état de
choses qui servait si merveilleusement son pouvoir
et paralysait si bien toutes les indépendances particulières, il le compléta.

Mais c'était pour la classe laborieuse un bien triste
résultat. Auparavant, elle ne pouvait compter que
sur elle, et ses forces enchaînées la trahissaient sans
cesse ; désormais elle allait tout attendre de l'Etat.
Consciente et fière de la force déployée, du bouleversement obtenu, elle ne songea pas à continuer
l'œuvre entreprise, à réformer les régimes économiques après avoir renversé l'ancien régime politique. Sur ce point, la publication des Droits de
l'homme lui avait suffi ; elle ne songea plus à récla-
mer leur mise en pratique exacte et rationnelle.

II

Le socialisme contemporain.

Cependant les doctrines économiques prenaient un essor nouveau, sous l'influence des théories saint-simonniennes et fouriéristes.

Saint-Simon, imbu d'un mysticisme philosophique, qu'exaltaient encore les imperfections et les misères du système ouvrier, livré, depuis l'abolition des corporations, à la toute puissance du capital, considère que la Révolution, n'ayant accompli qu'une œuvre négative, a détruit, sans réorganiser. Il entreprend, soutenu par son école qui compte une foule de jeunes talents, de prêcher la fraternité et *l'association* ou l'organisation définitive de l'Humanité pour l'amélioration progressive du peuple. Il demande *le classement* et l'emploi de chacun, suivant sa capacité, par la division et la distribution du travail, qui le conduisent fatalement au principe de la *propriété sociale, commune*, à l'abstraction la plus absolue de la liberté individuelle. « On ne s'associe pas pour être libres, sinon autant vaudrait rester isolés », dit-il.

D'autre part les idées de Fourier faisaient école, donnant un tardif éclat à leur auteur, dont les disciples recherchaient, suivant sa doctrine, la réforme sociale dans le *régime de l'association*, substitué au régime du morcellement. Ils voulaient atteindre à la réforme industrielle, par l'organisation d'une commune sociétaire, qui, avec le secours d'un immense capital mobilier et immobilier, aurait exploité une seule propriété, logé ses ouvriers dans un seul bâtiment, le phalanstère ». Ils voulaient mettre en pratique ce que Fourier appelait « l'ordre combiné », l'exploitation du sol et la consommation *en commun* où, chacun, obéissant aux suggestions de son esprit, concourrait à la production des objets nécessaires à la vie.

Des groupes, des séries, des phalanges, divisaient les communiers, suivant leurs vocations et leurs goûts. — Tout travail devenait attrayant par ce qu'il était librement choisi, ne retenait l'ouvrier sur la même tâche que pendant un temps très court et engendrait l'émulation.

L'égalité de tous, supprimant le salaire, dont l'existence aurait fatalement supposé une suprématie du capital sur le travail, il se trouvait remplacé par une part d'associé donnant droit non pas à un partage *égal* des produits, mais à un partage *proportionnel* suivant le travail et la capacité de chacun.

Ces théories humanitaires dont le succès avait été d'abord considérable, subsistaient encore en 1848, lorsque l'*Organisation du travail* de Louis Blanc, basée, non plus sur la psychologie, mais sur le droit, vint changer le cours des idées.

Louis Blanc posait en principe que la société doit assurer à tous ses membres le moyen de vivre, c'est-à-dire, de travailler. Chacun, de ce chef, devenait créancier de la société: Pour remplir son obligation, l'État, disait-il, *doit organiser le travail*, se faire tour à tour, producteur, chef d'atelier, prêt à accueillir tous ceux qui demanderaient à être occupés.

Trois ateliers doivent ainsi suffire aux diverses fonctions économiques du pays ; un atelier industriel et un atelier agricole assurent la production, tandis que dans un atelier d'échange s'opère la vente des produits fabriqués et l'achat des matières premières.

Fondés à côté de l'industrie privée, ces ateliers sociaux ne tarderont pas à la supprimer, car elle ne pourra supporter leur concurrence et bientôt, ayant ainsi tous les citoyens sous ses ordres, l'État deviendra seul producteur. A tous, il donnera des salaires égaux, réalisant ainsi l'égalité des conditions, sans détruire la famille, sans tomber dans le communisme.

Cette conception, assez vulgaire dans l'ensemble, enfantine dans les détails, ne dut son succès qu'au talent d'écrivain de son auteur. L'idée fut acceptée et, en 1848, les insurgés inscrivaient sur leurs drapeaux la formule : *Organisation du travail*. Louis Blanc, membre du gouvernement provisoire, fut nommé président d'une « commission permanente du gouvernement pour les travailleurs ». Des ateliers nationaux furent fondés, dont l'établissement provoqua de tous côtés des grèves, et qui d'ailleurs aboutirent à un insuccès complet.

Cependant en 1848, l'Assemblée nationale eut à

se prononcer sur le principe du droit au travail ; le projet de constitution l'admettait d'une façon assez vague dans son article 8 ; un amendement fut alors proposé affirmant le droit des citoyens « à l'instruction, au travail et à l'assistance » mais il fut repoussé, et l'on s'en tint aux termes peu compromettants du projet.

Si le système de Louis Blanc est enfantin, que dire de celui de Proud'hon ? Il paraît être un défi au bon sens ou une insolente raillerie.

A vrai dire, son point de départ seul est intéressant. C'est une assertion fausse, mais qui a été reprise en Allemagne et constitue encore le plus grand argument du socialisme contemporain. Le travail étant seul productif, dit Proud'hon, le capitaliste n'a droit qu'à la restitution de son capital, et toute la plus-value obtenue doit revenir à l'ouvrier. Celui-ci doit donc être mis à même avec son salaire « des racheter son produit », car, s'il en était ainsi, il y aurait équivalence parfaite des valeurs échangées entre le patron et l'ouvrier, chacun se rendant mutuellement des services équivalents.

Pour réaliser ce *mutuellisme* il suffit de supprimer l'intérêt, c'est-à-dire d'assurer la gratuité du crédit et Proud'hon proposait, en conséquence, la création d'une banque d'Etat, *recevant sans intérêt, les fonds qu'on lui apportait*, (!) et prêtant à son tour à un taux restreint, 1/4 0/0 par exemple, de manière à couvrir les frais d'administration.

La propriété des maisons et des terres devait être

concédée aux communes, qui en auraient donné la jouissance à un prix insignifiant, pour couvrir les frais d'entretien. Ainsi, s'écriait Proud'hon, la production aura gratuitement le capital pour produire et la maison pour se loger !

Nous ne nous attarderons pas à réfuter longuement tous ces systèmes. Là n'est point notre but, et il suffit, d'ailleurs, de les connaître pour en sentir le vide et l'impuissance. Tous se distinguent par l'indécision dont leurs auteurs font la panacée propre à améliorer le sort des travailleurs. Ils ne produisent aucune donnée certaine, aucune indication pratique, permettant à l'homme de corriger, grâce *à ses seules ressources et à ses propres forces*, les malheureux résultats de l'incurie sociale ou de l'ignorance gouvernementale.

Ces philosophes ne préconisent que des moyens théoriques, suggérés par leur sensibilité, plutôt que par leur raisonnement. Dans leurs conceptions chimériques, ils supposent l'homme tel qu'ils voudraient qu'il fût, et non point tel qu'il est. Les divers arrangements qu'ils proposent devant tous avoir cet effet que personne n'aurait plus un intérêt direct à travailler, il faudrait pour que l'un quelconque de ces systèmes fonctionnât seulement quelque jours, un admirable dévouement de chacun, aux intérêts de tous. Et ce serait fort beau, mais encore plus rare. Or, « quoi qu'on fasse, la charité, ou, si l'on aime mieux, l'altruisme, n'est pas le sentiment qui a le plus grand empire sur nos actions. Ce sentiment existe sans doute en nous, mais son influence n'est que secondaire ; l'homme obéit principalement aux suggestions de son intérêt personnel, et pourvu qu'il ne tombe pas dans une excessive âpreté, on ne peut guère le lui reprocher. D'ailleurs, qu'on le lui reproche ou non, l'homme est fait ainsi et il faut bien en tenir compte. Le socialisme s'y refuse ; mais en supprimant le ressort essentiel de l'activité humaine, *l'intérêt personnel*, il rend la production impossible et la misère inévitable pour tous » (1).

Les grands principes des Droits de l'homme étaient depuis longtemps laissés de côté, une centralisation excessive avait déjà produit son œuvre : l'Etat paraissait seul capable d'organiser le bonheur de l'humanité. C'était une tâche formidable que l'on prétendait lui imposer ainsi ; il devait diriger l'industrie, ayant sous ses ordres une armée de plusieurs millions de travailleurs, responsable de la vie et du bien-être de tous !

(1) Beauregard. *Eléments d'économie politique.*

CHAPITRE II

I

De 1848 à nos jours.

L'initiative individuelle et la mutualité, ces deux puissants moteurs de nos associations ouvrières modernes étaient encore, sinon inconnus, du moins cachés, sous les rêveries de l'époque.

C'était toujours l'exaltation de l'individu au détriment de la société ; la négation de la liberté au nom de toutes les libertés ; l'abolition de tous les principes au nom d'un principe, qui étaient enseignés !

Toutefois de ce chaos d'idées et de théories sociales finit par émerger le principe de la mutualité, que sanctionnèrent en 1848 les droits d'association et de réunion. Ce fut leur seul effet utile et encore devait-il être sans résultat, parce que, loin de ne puiser leur force que dans l'initiative et rien que dans l'initiative individuelle, on fit appel à des secours étrangers, à des subventions du dehors, aumônes plus ou moins déguisées, qui amenèrent fatalement leur disparition, le jour où la source en fut tarie. De plus elles étaient devenues politiques, et sous le régime des idées d'alors, on sait ce qu'était la politique ouvrière ; celle des clubs.

Quelques associations, qui auraient pu prospérer par l'économie, si elles avaient été réduites à leurs propres ressources, durent leur ruine à la libéralité même de l'Etat. Elles se trouvèrent trop riches, dès le commencement, et n'apportèrent pas dans leurs opérations la réserve et la prudence qui pouvaient seules en assurer le succès.

Le décret du 5 juillet 1848 était ainsi conçu : « L'Assemblée nationale, voulant encourager l'esprit d'association sans nuire à la liberté des contrats, décrète :

Article premier. — Il est ouvert au ministère de l'agriculture et du commerce un crédit de trois millions de francs destiné à être réparti entre les associations librement contractées, soit entre ouvriers, soit entre patrons et ouvriers.

Art. 2. — Le montant de ce crédit sera avancé à titre de prêt, sur l'avis d'un conseil d'encouragement formé par le ministre, et aux conditions réglées par le même conseil.

Art. 3. — Le compte annuel de la répartition du crédit sera présenté à l'Assemblée nationale avec un rapport du conseil d'encouragement ».

La réponse de M. Thiers, au rapporteur, nous semble parfaitement analyser la valeur de ce décret et l'esprit dans lequel plusieurs députés le votèrent : « Ce n'était pas trois millions, dit-il, mais vingt qu'il fallait demander, oui vingt millions, nous les aurions donnés : *ce n'était pas trop pour faire une expérience éclatante qui vous guérit tous de cette grande folie !* »

Les mêmes causes produisirent les mêmes effets en Allemagne où les associations, nées à cette époque, reposaient aussi sur le principe de l'assistance par l'État, de la commune ou de la libéralité individuelle. Ces créations ont toutes succombé ; pas une n'a survécu. Elles n'ont pas été détruites par une réaction triomphante, mais sont mortes sans violence parce qu'elles n'avaient pas jeté des racines assez profondes dans le sol qu'elles étaient appelées à féconder.

D'ailleurs, de quelque nom qu'on veuille bien décorer l'intervention de l'État, il est certain que l'homme sera toujours plus prodigue de l'argent qui ne lui a rien coûté. que de celui qu'il a gagné péniblement, à la sueur de son front. C'est dans ce vice originel qu'il faut découvrir, selon Schulze Delitzsh, la double cause d'insuccès des premières tentatives et la réussite des secondes. Ainsi donc, d'après lui — le succès le plus éclatant confirme aujourd'hui ce sage principe — pas d'intervention de l'État, *appel à l'initiative individuelle.* Aide-toi toi-même!

Le plus grave défaut des associations ouvrières de 1848, la raison de leur impuissance radicale et du discrédit mérité dans lequel elles sont tombées, consistait donc à faire intervenir l'État comme le souverain dispensateur du bien et du mal parmi leurs membres ; à imaginer une société composée d'individus tous égaux par leurs aptitudes, par leurs capacités, par leurs goûts, par leurs désirs, fondus au même moule et, par conséquent, tous admirablement constitués pour recevoir, en une extatique béatitude, la manne attendue des régions supérieures !

Ces idées, même après l'effondrement des entreprises qu'elles avaient fait naître, conservèrent la plus fâcheuse influence sur l'esprit des classes ouvrières, car elles leur avaient inculqué cette confiance trompeuse en la sollicitude de l' « Etat providence », qui les porta si longtemps à s'oublier elles-mêmes, pleines d'une craintive déférence envers les bureaucratiques routines de l'Administration.

On comprit enfin le danger des lois restrictives. Le pouvoir du Deux Décembre avait, par une série de mesures vexatoires, rendu impossible l'existence des associations ouvrières. Mais l'idée d'association n'était pas morte parmi les artisans, et le vicomte Lemercier pouvait dire avec juste raison, dans une brochure qui eut alors une très grande vogue : « qu'on ne s'y trompe pas, si les ouvriers ne parlent plus d'association, ils y pensent toujours. Pour beaucoup d'entre eux, c'est encore une sorte de panacée universelle qui doit les arracher à la misère et leur procurer la plus grande somme de bonheur possible ».

Les élections de 1863 donnèrent un renouveau d'actualité aux questions ouvrières que favorisait d'ailleurs l'opposition politique. Les résultats obtenus en Angleterre et en Allemagne opéraient, en outre, un revirement dans l'opinion publique, et tels, qui, en 1848, n'auraient certainement pas été partisans des associations ouvrières, concluaient cette fois : « *que les associations coopératives sont, contre les erreurs et les périls du socialisme, le plus sûr et le plus généreux des remèdes* »,

Le tableau suivant, emprunté par M. Hubert-Valleroux (1) à une brochure de l'époque publiée par J. P. Beluze (2), gendre de Cabet, donne une idée assez précise de ce qu'était alors, dans la capitale du moins, la vitalité des associations ouvrières.

Une loi du 25 mai 1864 restituait d'abord aux ouvriers le droit de réunion et de coalition. Puis, le 24 juillet 1867, les sociétés par action se trouvaient affranchies de la tutelle gouvernementale et l'on entreprenait la réglementation législative de la coopération ouvrière comme « société à capital variable » (art. 48-50).

La voie était ouverte, mais le gouvernement ne s'y engagea résolument qu'en 1868, lorsque, à la suite des expositions universelles, les classes laborieuses surent s'attirer la bienveillance du pouvoir. Les associations purent alors respirer un peu plus librement. Un rapport du ministre, approuvé par l'Empereur, déclara que l'Administration ne serait amenée à les interdire que si contrairement aux principes posés par l'Assemblée constituante, dans

(1) *Les Associations coopératives en France et à l'étranger.*
(2) *Les Associations conséquences du progrès.*

NOMS des Associations.	Fondation	Nombre des associés		Nombre des auxiliaires en 1863	Capital social		Chiffres d'affaires en 1863
		au début	en 1863		au début	en 1863	
Cloutiers	1849	20	3	8	»	16.000	25.000
Facteurs de pianos	1849	16	23	12	250	163.000	205.000
Ferblantiers	1848	70	20	»	»	90.000	120.000
Formiers	1848	3	23	6	2	35.000	80.000
Fabricants de limes	1848	14	19	25	15.000 Prêt de l'Etat	120.000	120.000
Lunettiers	1849	13	25	150	»	120.000	420.000
Maçons	1848	17	81	225	»	250.000	1.300.000
Menuisiers en bâtiment	1858	5	5	50	»	118.000	120.000
— en fauteuils	1849	20	50	»	25.000 Prêt de l'Etat	»	300.000
— en voitures	1850	24	11	25	»	64.000	120.000
Fabricants de lanternes	1850	21	12	16	»	54.000	120.000
Peintres en bâtiment	1857	6	12	25	»	24.000	100.000
Serruriers	1850	7	20	2	1.000	25.000	50.000
Tailleurs	1848	40	15	4	1.000	7.000	40.000
Tourneurs en chaises	1848	18	22	40	315	50.000	200.000
— d'essieux	1851	5	5	7	3.000	80.000	80.000

la loi du 17 juin 1791, les chambres syndicales venaient à porter atteinte à la liberté du commerce et de l'industrie, ou, si elles s'éloignaient de leur but pour devenir, à un degré quelconque, des réunions politiques ou religieuses non autorisées par la loi ».

Cette situation nouvelle permit aux chambres syndicales de songer dès ce moment, à leur émancipation définitive que la loi du 21 mars 1884 a formulée en leur reconnaissant, enfin, la personnalité civile.

Désormais les syndicats professionnels sont affranchis de toutes les entraves que la législation antérieure apportait à leur formation, ils se constituent et fonctionnent en pleine liberté, sans aucune autorisation préalable. Ils peuvent former des associations puissantes, capables de plaider, capables aussi de posséder. On leur refuse seulement d'étendre ce droit de propriété sur des immeubles autres que ceux qu'ils utilisent pour leurs réunions, leurs bibliothèques ou leurs cours d'instruction professionnelle. La loi est d'un esprit plus large encore : elle autorise les syndicats à se grouper et à former des unions permanentes, de telle sorte que rien n'empêche aujourd'hui tous les ouvriers d'une même profession, existant en France, de se constituer en une immense association. Cependant une pareille puissance pourrait devenir dangereuse, aussi à l'inverse de ce qui existe à l'étranger lui a-t-on refusé la personnalité civile, c'est-à-dire les droits de posséder, de contracter et de plaider, le législa-

leur pensant enrayer ainsi toute tentative d'accaparement de certaines branches de la production.

Ainsi la classe ouvrière est aujourd'hui plei-
nement libre de ses actions, elle peut opposer la
coalition de ses membres, aux exigences du patronat,
user de son droit de grève, s'entendre, comme bon
lui semble, pour la défense de ses intérêts. Le principe est excellent, mais son application serait insuffisante pour le bon ordre de la société, si elle se trouvait strictement réduite à ces limites. *L'antagonisme
du salaire et du capital subsisterait en son entier. L'ouvrier et le patron se confinant en la défense d'intérêts
divers ou opposés.*

La loi ainsi comprise perfectionnerait la lutte :
elle ne l'apaiserait pas.

L'ouvrier d'aujourd'hui est un homme qui a établi
et accepté le prix de son travail dans la plénitude
de sa liberté. Ce prix varie suivant le rapport qui
s'établit entre l'offre et la demande et c'est une
règle naturelle. Cobden dit à ce propos : « le salaire
baisse quand deux ouvriers courent après un maître ;
il hausse quand deux maîtres courent après un ouvrier ». Que l'organisation du travail soit basée sur
le régime du patronat ou de l'association, ce principe, éternellement vrai, ne disparaîtra jamais.

Mais, d'autre part, les salaires sont quelquefois
insuffisants, dans les grandes villes surtout, ils ne
répondent plus, *pour l'ouvrier chargé de famille*, à la
satisfaction des premiers besoins et même à celle de
certaines habitudes, fruits d'une civilisation avan-

cée, devenues elles-mêmes des besoins ; ils n'assurent plus *l'ouvrière isolée*, en butte à la concurrence redoutable des couvents et des prisons, où le travail s'effectue presque au prix de revient, ce minimum de gain qui doit lui assurer avec le logement et la nourriture, l'honnêteté de sa vie. Mais aussi la situation des entrepreneurs, des industriels, arrêtés, d'un côté par les bas prix de la concurrence faite à leurs produits sur les marchés, sollicités de l'autre par les nouvelles prétentions ouvrières, ne leur permet pas, malgré leur bonne volonté, de faire droit à ces réclamations.

Que leur reste-t-il ?

II

La coopération moderne.

C'est ici que peut intervenir utilement une nouvelle forme de l'association : il faut s'associer, non pour faire des grèves ruineuses et briser les machines, mais acquérir à meilleur compte les denrées de première nécessité ; non pour imposer par la force un sacrifice reconnu impossible, mais pour obtenir à de plus honorables et moins onéreuses conditions, un crédit qu'on paie si cher chez le boulanger, le tailleur ou le débitant. Or, l'association pratiquée comme elle l'est parmi les classes laborieuses, en Angleterre ou en Allemagne, fournit un excellent moyen d'atteindre ce précieux résultat, en atténuant dans une large mesure les effets d'un salaire insuffisant.

Ainsi comprise, l'association coopérative est une œuvre d'entente et d'apaisement social : « elle ne contrarie pas les éternelles lois de la morale et de la justice, dit M. Horn (1), elle ne heurte point les lois économiques qui régissent la société moderne. L'association ouvrière ne part plus d'un antagonisme fatal entre le travail et le capital ; elle reconnaît combien est indispensable la coopération du capital dans toute œuvre de production, combien est légitime sa participation aux bénéfices ; elle est tellement pénétrée du suprême besoin de son concours, qu'elle vise surtout à pourvoir de capital le travailleur. Elle n'articule, en faveur de ce dernier, aucun droit particulier ; le « droit au travail » et le « droit du travail » sont écartés ; mais on y parle souvent *du devoir de l'ouvrier de demander à ses propres efforts l'amélioration graduelle de son sort.* C'est dire déjà qu'elle ne réclame à l'Etat, à la société, ni subvention, ni protection spéciale, ni faveurs exceptionnelles : *elle ne veut que la liberté de ses membres pour user du droit commun.* Elle n'entend point annihiler l'individu en l'absorbant dans une communauté fantastique et plus ou moins despotique ; elle le laisse entièrement libre pour toutes les autres manifestations de la vie ; pour l'emploi de ses facultés

(1) Introduction au *Crédit populaire* de Batbie.

et de ses moyens. Enfin l'association coopérative sainement comprise, n'attaque plus ni la liberté, ni la concurrence, au contraire elle tend, et elle réussit en partie, à les rendre plus effectives ».

Considérons, d'un autre côté, ce que nous offre l'idée coopérative. Quelques ouvriers prennent, sur leur salaire quotidien, de modiques sommes qu'ils mettent en commun, pour acheter les denrées nécessaires à leur consommation. Ils se revendent en détail ces denrées achetées en gros ; mais au lieu de se partager le bénéfice provenant de la différence des prix, ils le capitalisent, ils l'emploient à agrandir le cercle de leurs affaires. Tous leurs achats se faisant au comptant, ils évitent les dettes. Tirant directement leurs denrées des lieux de production, ils évitent la falsification, et après quelques années, rien que pour s'être pourvus, eux et leurs familles, à leurs propres magasins, ils se trouvent à la tête d'une petite fortune.

Il est vrai qu'ils ont eu grand soin de ne pas accepter les secours du dehors qui auraient ruiné leurs institutions. Ils se sont bien gardés de recourir au crédit de l'Etat, qui les eut tués, comme il les a tués en 1848, en France et en Allemagne. Ils ont pourvu à tout par eux-mêmes. Et si, comme dans la banque populaire, ils ont emprunté des capitaux, ils en ont payé l'intérêt.

Ceci nous amène naturellement à nous occuper du rôle considérable, que doit remplir un troisième personnage, dans le jeu de la coopération. Le consommateur — c'est de lui qu'il s'agit — est actuellement considéré comme soumis au producteur : le contraire devrait avoir lieu, car la production est le moyen, mais la consommation la fin. « Il y a un dicton français, dit M. Gide (1), qu'on entend souvent répéter : *il faut que tout le monde vive !* On s'imagine peut-être, qu'en disant que tout le monde vive on veut parler d'abord des consommateurs ? Point du tout : vous n'entendez rien aux finesses de la langue française ; c'est des producteurs seulement qu'il s'agit. On veut dire seulement par là, que nous devons nous serrer un peu, pour faire de la place à quiconque veut ouvrir une nouvelle boutique dans la rue, et vivre à nos dépens. Quant au consommateur, sa fonction, dans ce monde, n'est pas précisément de vivre — ce dont personne ne s'occupe — mais de faire vivre les autres. C'est sur lui, débonnaire, que vit et pâture l'immense légion des producteurs, fournisseurs, intermédiaires de toutes sortes, et quand il se révolte — hypothèse chimérique, d'ailleurs, car il ne se révolte jamais ! — mais enfin si quelque mal avisé, comme nous ici, s'avise de prendre en main ses intérêts, il faut voir comment on le traite ! »

Le danger devient quelquefois plus grave, car les producteurs, connaissant les grands risques que leur fait courir une production dépassant les besoins de la consommation, s'entendent entre eux pour ne fabriquer ou ne livrer qu'une certaine quantité de

(1) *De la coopération et des transformations qu'elle est appelée à réaliser dans l'ordre économique.*

marchandises, pour maintenir ou relever les cours sur le marché. Que faire ?

« Opposer, dit encore M. Gide, les associations de consommation, les réunir entre elles, fonder de vastes magasins de gros et opérer sur une vaste échelle, puis avec les capitaux amassés fabriquer directement, et enfin acquérir les domaines agricoles produisant tout ce qui est nécessaire à la consommation (1). Ainsi la production redeviendra une simple fonction trouvant désormais sa raison d'être et sa fin, non point en elle-même, mais simplement dans les besoins qu'elle est appelée à satisfaire. Progrès moral faisant disparaître l'antagonisme entre le producteur et le consommateur, et entre les producteurs, établissement de l'identité entre les intérêts particuliers et l'intérêt général ».

Si nous poussons encore plus avant l'étude des améliorations sociales dont est susceptible le principe de la coopération ouvrière, nous nous trouvons par une progression rationnelle précisément en conformité d'opinion avec l'un des principaux desiderata de l'école socialiste contemporaine, revendiquant, au profit des ouvriers, la propriété de leurs instruments de travail.

Il arrive presque toujours, en effet, qu'afin de prévenir toute tentative d'accaparement, les sociétés coopératives ne délivrent, à chacun de leurs associés, qu'un petit nombre d'actions ; tous jouissent ainsi

(1) Plusieurs coopératives en Angleterre, et en Allemagne ont déjà réalisé cette espérance.

d'une part égale du capital. Or, il est indiscutable que dans ces associations, telles que nous les comprenons aujourd'hui, la population ouvrière occupe la plus large place, que par conséquent le fond de réserve, constitué, soit par ses cotisations, soit par les bénéfices prélevés sur ses achats, devient son œuvre propre et les objets sur lesquels portera son emploi, sa propriété. Elle se trouve donc ainsi en possession des instruments de travail, par le simple exercice de la coopération et nous ne croyons pas que les programmes socialistes puissent jamais trouver, pour parvenir à leurs fins, un moyen plus humanitaire et surtout plus pratique.

C'est ainsi que, généralement dédaigneux des malsaines popularités, les coopérateurs modernes s'efforcent, sans réclame ni tapage, d'apporter dans les actions et réactions de la vie sociale, l'indispensable pondération des intérêts individuels et collectifs, de relever les mœurs et de combattre le paupérisme. Le « *socialisme coopératif* », si nous pouvons employer cette expression, envisage le problème social sous ses aspects divers, il a compris que le vieil édifice se lézarde et que sa réfection s'impose, mais il n'admet pas sa destruction complète, ne procède point par le bouleversement des institutions qu'il abrite ; il a une conception très nette des progrès sociaux, et il reste convaincu que, par des réformes méthodiques et pratiques, l'humanité doit s'acheminer vers une condition meilleure. Il s'inspire des grands mouvements qui ont agité les peuples, basant ses réformes, non point sur d'irréalisables théories, mais sur les principes, d'essence si pure, qui inspirèrent la Révolution *économique* et la rédaction des Droits de l'Homme. Certes, leur œuvre, paralysée sous l'effort des réactions gouvernementales, aussi bien que par l'égoïsme et l'aveuglement des individus, n'est point encore achevée, mais on ne peut nier les résultats acquis, les progrès réalisés et les tendances toujours plus grandes, sur l'équitable distribution des richesses créées par les travailleurs de tout ordre.

« Mais si la coopération est l'expansion la plus saine d'un socialisme pratique, dit M. Lami, il importe que ses membres les plus militants s'efforcent de la diriger dans le sens des grandes réformes. Il y a autre chose à envisager que le profit immédiat et, si le coopérateur limite son horizon au magasin qui l'approvisionne de denrées, la coopération restera inféconde et stérile.

Là, comme ailleurs, il y a les actifs et les passifs ; les premiers, malgré leur zèle et leur dévouement, ne peuvent que déplorer l'inertie des seconds. Ils sont impuissants. Ce piétinement sur place démontre la nécessité de faire l'éducation économique du peuple ; son développement moral et matériel sera lent, les réformes seront vaines tant que cette éducation ne sera pas faite, tant qu'on n'aura pas mis en valeur les précieuses qualités du travailleur français pour en constituer un élément actif et conscient du progrès social. »

En l'état actuel de nos mœurs, il y a de grands efforts à faire ; les membres des sociétés coopératives sont bien les clients de leur magasin, mais non des coopérateurs, au sens élevé du mot, et ils ne pourront prétendre à ce titre, que, lorsqu'ils auront compris, que la coopération implique la solidarité fraternelle de ses membres.

Les formes, sous lesquelles peut se manifester cette solidarité, sont infiniment variables et en rapport avec le but des associations. Aussi ne pouvons-nous entreprendre ici à leur sujet une étude, inutile d'ailleurs, car ces institutions sont aujourd'hui connues de tous, mais nous réserver seulement de rechercher leurs causes initiales, et leur influence, sur les conditions économiques des diverses nations qui se sont signalées par les progrès qu'elles ont fait accomplir à la cause de la coopération.

CHAPITRE III

I

Avant-propos.

Le mouvement social que nous cherchons à étudier et à mettre en lumière s'est développé jusqu'ici avec lenteur. Nous avons assisté, en France, à ses premiers essais, à ses tâtonnements, à ses hésitations. Est-il étonnant, d'ailleurs, qu'une question aussi complexe, ait donné lieu à autant de projets, ait aussi activement exercé l'intelligence humaine? La chute des corporations, la condition malheureuse dans laquelle se trouvait la classe ouvrière, ont été l'objet des études de bien des économistes, le thème préféré de tous les rhétoriciens, de tous les hommes politiques, à la recherche d'une popularité quelconque.

Nous avons assisté à toutes les tentatives plus ou moins utopiques, imaginées pour résoudre cette question, nous en avons vu surgir un monde d'idées nouvelles, dont les erreurs assombrissent, en quelque sorte, le but si ardemment recherché. Le côté

pratique leur fit toujours défaut et les œuvres sociales du commencement du siècle dégénérèrent rapidement entre les mains de leurs inventeurs. En pouvait-il être autrement ?

Le grand principe de la solidarité humaine do-
miné par celui, plus grand encore, de la liberté individuelle, était méconnu. La plupart des sociologues
français, épris, il est vrai, d'un idéal de justice et
d'égalité, mais imbus de l'idée d'une centralisation.
excessive — que les autres pouvoirs monarchiques
de l'Europe pouvaient alors nous envier — ne
voyaient de bonheur possible pour l'humanité, qu'en
une concentration obligatoire de toutes les forces
vives ou productives de la nation entre les mains de
l'Etat ou de la Société.

C'était, sous le voile de la philantropie, le bouleversement de tout notre édifice social. Précurseurs
du socialisme révolutionnaire contemporain, ces
théoriciens retardaient, à leur insu, chez nous, le
mouvement que les autres peuples inauguraient
sans bruit. Une fois de plus notre pays grand re-
mueur d'idées, fanatique de l'absolu en toute chose,
se laissait aller à son tempérament propre. Epris
seulement de passion pour les idées abstraites, réfractaire à la patiente étude des questions, à leur
laborieuse mise en pratique, gêné d'ailleurs par une
centralisation excessive, mortelle à toutes les initia-
tives hardies, notre pays allait être réduit, une fois
de plus, à puiser chez nos voisins les institutions
dont son passé lui commandait d'être le promoteur.

La vie des nations, comme celle de l'homme, doit être une lutte, un travail perpétuel, et jamais l'orgueil des résultats acquis ne doit entraver les progrès à venir. De la France avaient jailli les premiers feux d'une aurore nouvelle, mais, à leur tour, les pays voisins, lentement, accomplissaient leur évolution économique. Instruits par nos malheurs, avertis par nos fautes, leurs réformes étaient sûres; et, bientôt, malgré ces réformes et ces libertés conquises dont il était si fier, l'ouvrier français se trouvait dans une situation inférieure à celle de ses confrères étrangers.

Après avoir créé un monde économique nouveau, il n'avait su l'animer au moyen d'institutions sociales appropriées à ses besoins, et, par un curieux, mais ironique phénomène de coopération sociale, au peuple de France qui avait proclamé la liberté individuelle, les ouvriers d'Angleterre, d'Allemagne, allaient apprendre à en tirer parti. Et ce fut pour eux un incontestable mérite, tout à l'honneur de l'œuvre de travail et de progrès qui les caractérise.

II

La Coopération en Angleterre.

L'esprit de l'Angleterre, est toujours, suivant Disraéli, *l'esprit de la race qui s'élève*, et nous devons reconnaître que l'estime du travail en lui-même, de l'effort qu'il nécessite *et de ceux qui le produisent,* manifestée par l'ensemble de cette nation et de son gouvernement, confirme chaque jour cette assertion.

Alors que notre population ouvrière, cherchant à ressusciter, peut-être, la vie sociale de la Rome antique, attendait, public docile et contribuable à merci, tout secours et toute initiative de l'Administration, nos voisins d'outre-Manche et d'outre-Rhin, moins bruyants, mais plus actifs en leurs révolutions, réorganisaient peu à peu, à force d'énergique patience, la condition de leurs classes laborieuses.

Nous voyons d'abord l'ouvrier anglais, que ses luttes séculaires avaient, il est vrai, merveilleusement prédisposé à l'esprit de prévoyance, transformer à lui seul les bases du système actuel de production et d'échange ; substituer l'union à la lutte des intérêts, créer enfin, l'alliance des producteurs et des consommateurs pour supprimer les intermédiaires onéreux. Loin de rien attendre du Gouvernement, il se fit un point d'honneur, et c'est là sa devise, d'obtenir le salut du peuple par lui-même : *self help by the people.*

Les sociétés coopératives anglaises sont, en effet, autant d'*associations*, fondées avec le concours de faibles souscriptions individuelles et leurs débuts sont d'une simplicité touchante, qui rend plus merveilleux encore le développement et les résultats grandioses obtenus aujourd'hui. Elles forment, dès le principe, des groupements de petits capitaux, ayant seulement pour but l'achat des objets de con-

sommation dans des conditions de qualité et de prix
rarement et difficilement obtenus par le commerce
de détail. Généralement elles débutent par un magasin d'épicerie, auquel viennent progressivement
s'ajouter la boucherie, la vente des tissus, la cordonnerie, la confection, etc. Il n'est pas rare de voir
une de ces sociétés de consommation prendre une
part importante dans la création de moulins à blé
dont elles deviennent même propriétaires, tandis
que d'autres possèdent des fabriques de tissu. Et
c'est ainsi que, *lorsque le nombre et le zèle de leurs
membres assurent un débit suffisant, elles se transforment en sociétés coopératives de production.* D'autres emploient leurs bénéfices à l'achat ou à la
construction de maisons spacieuses qu'elles louent
ou revendent ensuite, résolvant ainsi la question
si importante, et cependant si négligée dans les centres ouvriers, des habitations salubres et à bon
marché.

Leur organisation générale pourrait être comparée
à celle des « Trade's Unions », quoique le but poursuivi soit tout à fait différent. Ces dernières ne s'occupent, en effet, que des rapports existant entre
patrons et ouvriers et des questions concernant le
capital et le salaire. Attentives à toutes les causes
ouvrières qui s'agitent, non seulement en Angleterre, mais encore à l'étranger, elles viennent
souvent en aide aux grévistes du continent, et cela
avec d'autant plus de générosité, que leur chômage

peut être plus favorable à l'industrie anglaise. Aide-
toi, le ciel t'aidera, dit le proverbe.

Le but des coopérateurs est plus élevé ; s'ils re-
cherchent d'abord leurs intérêts matériels, ils n'oublient point ceux plus élevés de la vie sociale, à
l'amélioration de laquelle tendent, en somme, tous
leurs efforts. Si la coopération contribue à l'aisance
et à la paix des classes pauvres, elle atténue encore
l'ardeur de la lutte entre individus de classes différentes et la Grande-Bretagne, nation manufacturière,
où l'ouvrier eut toujours à lutter contre une législation essentiellement favorable aux patrons, que le
master and servant act ou l'institution du délit de
conspiracy rendaient tout puissants, est mieux à
même, que nulle autre, d'apprécier cette œuvre de
pacification.

Aussi, tout n'est-il pas à regretter dans ce passé
de troubles et de rivalités, parfois sanglantes, puisqu'il a su donner aux travailleurs anglais cette idée
de groupement et de solidarité qu'Owen, Vansittart
Neale, Holyoake ou les humbles tisserands de fla-
nelle de Rochdale ne firent qu'approprier à de nouvelles institutions.

Le gouvernement, cédant d'autre part à l'impulsion qui, partie de .France, gagnait et transformait
peu à peu les pays d'Europe, consentit à accorder
les réformes depuis si longtemps attendues. Dès
1824, le délit de coalition disparaissait des codes anglais, alors qu'il subsista chez nous jusqu'en 1864.
Successivement la liberté de la presse, le droit de

réunion, donnaient aux associations des forces et une impulsion nouvelles. Les « Trade's Unions » jusque-là demeurées sociétés secrètes, mais d'autant plus agressives qu'elles étaient davantage en butte aux rigueurs des lois, obtenaient le pouvoir de se constituer au grand jour et fonctionnaient librement.

Une si juste mesure devait avoir bientôt d'ailleurs sa juste récompense, car dès cette époque, les centres ouvriers qui avaient été jusque-là le théâtre des plus odieuses luttes, connaissaient enfin, sous l'influence de l'organisation nouvelle, le calme dans les ateliers et une plus juste répartition de salaires.

Désormais, le sol sur lequel devait bientôt s'élever et croître, avec la rapidité que l'on sait, les corporations de Rochdale, de Leeds, de Lincoln, etc., était prêt à recevoir la semence que des hommes de cœur, aujourd'hui célèbres, à l'égard des grands bienfaiteurs de l'humanité, y jetèrent à pleines mains.

Dès le mois de mai 1831 se tenait à Manchester le premier congrès où s'organisait la coopération, un autre suivait à Nottingham au mois d'octobre, puis un troisième encore, et l'œuvre grandissait, affirmant chaque jour davantage, par ses bienfaisants résultats, le triomphe de cette initiative individuelle que le peuple français avait révélée et que son administration étouffait et punissait de toute la rigueur de ses lois.

On ne saurait parcourir, même rapidement, l'histoire de la coopération anglaise, sans s'arrêter quelques instants à l'œuvre des ouvriers de Rochdale, qui en fut à la fois le point de départ et le modèle ; et cependant les moindres détails de cette heureuse institution sont aujourd'hui si bien connus de tous, que nous hésiterions à nous livrer, après tant d'autres, à leur étude, si nous ne pensions après Casimir Périer, « que quiconque voudra raconter l'histoire des sociétés coopératives, quiconque voudra étudier les questions qui se rattachent à cet intéressant sujet devra toujours tourner ses regards vers les « Equitables pionniers de Rochdale »... Avec une merveilleuse intelligence des qualités, des besoins, des défauts même, des populations ouvrières, ils créèrent, pour ainsi dire, du premier jet, le modèle où il faut chercher les plus sûrs enseignements et les meilleurs exemples ».

Aussi, sans nous attarder aux détails matériels de son organisation, non plus qu'aux difficultés, devenues légendaires, des premiers jours, nous croyons plus utile de rechercher, indépendamment de la foi, ce levier maître, quels furent les moyens pratiques employés par les *Equitables pionniers* pour arriver à ce succès, tant célébré, et si complètement digne de l'être.

Le premier, et le plus efficace fut la *suppression du crédit* : n'en point demander, n'en point accorder. Tout fut acheté et vendu au comptant. Mais, pour obtenir ce résultat, il fallut à l'ouvrier endetté ou simplement arriéré vis-à-vis de ses fournisseurs habituels dont il était devenu la chose, une force

d'âme extraordinaire, qui lui permit, pour liquider
le passé, de se tenir obstinément à cette résolution
immuable de l'achat au comptant.

Le système de la *répartition des bénéfices* entre les
acheteurs venait ensuite. Les pionniers décidèrent,
en effet, que déduction faite d'un intérêt de tant
pour cent payable au capital et d'un fonds de réserve convenable, le reste ou bénéfice réel serait
distribué entre les acheteurs en proportion du montant de leurs achats. Cette remise était considérée
d'ailleurs, comme une simple restitution d'un surplus dans les prix de vente, surplus payé par suite
d'une évaluation trop considérable des frais généraux et autres risques du commerce.

A ces deux éléments de succès, qui forment comme
le pivot de leur institution, les coopérateurs de
Rochdale joignirent encore la *probité* la plus absolue
dans leurs ventes, car ils avaient moins en vue un
commerce à faire prospérer, qu'une œuvre utilitaire
et sociale à remplir. Ainsi disparaissait pour leur
institution — c'est aujourd'hui le propre de toutes
les sociétés coopératives de ce genre — la nécessité
de réaliser des bénéfices considérables au détriment
des consommateurs. Et ces derniers profitèrent encore d'une réforme, qui, à elle seule, aurait pu dispenser, peut-être, de toute autre, en leur apprenant
quelle était leur puissance et comment ils devaient
en user. Les pionniers s'imposèrent, en effet, ce double but, de restituer au consommateur la direction
effective de la production ; de faire son éducation

sociale en lui apprenant à exercer le pouvoir dans un esprit de justice et de solidarité, en lui apprenant aussi à distinguer ce qui est bon de ce qui est mauvais.

Ce furent cependant ces mêmes consommateurs, ou du moins la partie la plus importante d'entre eux, qui faillirent, par leur abstention, entraver les progrès de la Société coopérative naissante. « Une des plus grandes difficultés de tout magasin coopératif, dit en effet M. Laurent, c'est, au début, la conduite des femmes. Le raisonnement que les produits venaient directement des docks de Londres et sans sophistication ne les séduisirent pas tout d'abord. L'absence de crédit, l'absence des petits bénéfices, la suppression des causeries familières, avec un grand nombre de fournisseurs qu'on abandonne quand on veut, c'est-à-dire souvent, pour les reprendre et les quitter encore ; l'inutilité de discuter les prix fixés d'avance, tels furent les motifs des répugnances à vaincre, des redoutes à emporter.

Philosophes ingénieux, les *équitables pionniers* prirent les femmes par l'orgueil, leur firent admettre qu'il est assez flatteur d'avoir un magasin à soi, et de commanditer une entreprise commerciale. Les plus raisonnables comprirent bien vite, d'ailleurs, que l'impossibilité pour le mari de dépenser au *public house* l'argent qu'il fallait avoir à la main en allant au magasin coopératif, valait bien l'abandon d'un préjugé, et le préjugé fut vaincu. Des thés publics accompagnés de discours honnêtement insidieux sur l'utilité de la coopération et même quelquefois de bals dans la salle de lecture, achevèrent l'œuvre : mais ce sont là des phases que toute société coopérative doit subir. »

Nous ne voudrions point, cependant, avec M. Laurent, affirmer, pour les temps actuels, la nécessité de ces dernières mesures et nous pourrions citer quantité de sociétés coopératives fondées sans absorption de thé et soirées dansantes, mais c'était alors une sorte de publicité rendue nécessaire par la nouveauté de l'entreprise et qui servait en même temps à accroître le nombre des adhérents, et à resserrer davantage entre eux les liens d'une étroite solidarité.

Car, si les uns voient dans la coopération un moyen de constituer des institutions de prévoyance, sociétés de secours mutuels, caisses d'épargne ou de retraite, d'autres n'y trouvent qu'une machine à produire des dividendes. Les pionniers de Rochdale en devaient faire la dure expérience. En effet, avec les bénéfices accumulés par le magasin, ils bâtirent une filature pourvue de deux puissantes machines à vapeur. Un grand nombre d'employés de la société devinrent associés dans l'usine et participèrent aux bénéfices ; par là, les profits de la fabrication vinrent s'ajouter aux profits de la vente et servirent à accroître les facultés d'épargne de chaque famille. Malheureusement les grandes dépenses nécessitées par cette construction forcèrent les directeurs à emprunter des capitaux au public. Quelques-uns de ces nouveaux actionnaires, se souciant fort peu de la coopération, ne se préoccupèrent que des dividendes, et quelques autres même n'étaient pas fâchés de discréditer ou de ruiner la société. Ils proposèrent de répartir désormais tous les profits entre les capitalistes actionnaires. Les pionniers s'efforcèrent bien, par de nombreux meetings et de mémorables discours, d'empêcher cette spoliation, mais ils furent en minorité et la motion passa. La filature a été agrandie, mais les profits sont toujours partagés entre 1.200 actionnaires parmi lesquels ne figure plus un seul ouvrier de l'usine.

Les coopérateurs de Rochdale ne représentent donc plus que la participation aux profits pour les consommateurs : la participation aux bénéfices pour les ouvriers est morte dans la ville même où elle avait pris naissance.

Cette situation a créé dans le mouvement coopératif deux partis : les anciens coopérateurs qui sont pour les industries libres et la participation des ouvriers aux bénéfices, et les nouveaux qui veulent que tous les bénéfices reviennent à la Société coopérative de consommation, c'est-à-dire au consommateur.

Le premier système est actuellement pratiqué par les ouvriers de *Hebden-Bridge*, la *wholesale* écossaise et environ 200 autres associations coopératives.

A Hebden-Bridge existait, depuis 1850, un syndicat de coupeurs de futaine ; les ouvriers qui en faisaient partie s'intéressaient vivement au mouvement coopératif et avaient envoyé des délégués au Congrès de Manchester en 1870 (1).

Pénétrés de cette idée qu'une industrie est injuste quand elle ne songe pas à donner les moyens de vivre à ses vieux ouvriers usés par le travail, quelques-uns d'entre eux se décidèrent à quitter la manufacture patronale et à fonder une association de production.

Il fut alors décidé que chacun verserait une somme de 30 centimes par semaine pour former une société de secours mutuels, et que les fonds ainsi recueillis et ceux qu'ils pourraient recueillir ensuite serviraient à créer une industrie de futaine, d'habillements tout faits, avec une teinturerie.

Ils étaient 90, mais aucun d'eux, sauf un seul, ne possédait plus de 125 francs, et il leur fallait 25.000 francs pour l'achat d'un matériel suffisant. Ils louèrent une grande chambre, fabriquèrent des sièges et une table pour leurs réunions et une étagère pour y placer leurs livres de comptes ; un ancien soldat qui avait été aide-instituteur au régiment, leur servit de trésorier : c'était le seul capable de remplir cet emploi. Ils assistaient le soir à toutes les réunions des sociétés coopératives, qui sont nombreuses de ce côté, et faisaient appel à la solidarité.

Après avoir travaillé à la coupe du drap pour quelques sociétés coopératives de consommation, ils eurent 925 francs en caisse à la fin du premier

____

(1) Ces notes sont extraites de l'*Almanach de la corporation française*, année 1897.

trimestre. Au début de l'année 1870, ils comptaient 95 associés et possédaient 2.050 francs. Le chiffre d'affaire était de 3.025 francs, sur lesquels ils avaient réalisé 75 francs de bénéfices, après avoir acheté pour 2.000 francs de marchandises.

En juin, ils cherchèrent un nouveau logement où l'on pourrait placer des machines à coudre. Un local fut trouvé qui avait servi à une industrie semblable à la leur ; le loyer était de 325 francs par an.

Le chiffre d'affaires s'éleva à 750 francs par mois, M. Lloyd Jones, un apôtre de la participation, vint alors visiter cette association ouvrière. Il en fut tellement enchanté qu'il fit une active propagande en sa faveur. Les « wholesales » anglaise et écossaise patronèrent ces courageux coopérateurs.

A la fin de 1872, l'association était en rapport d'affaires avec 130 sociétés coopératives de consommation ; il fallait songer à s'agrandir ! Il fut donc décidé qu'on achèterait le domaine de Nutclongh, près de la gare du chemin de fer. Il y avait là une source d'eau excellente pour la teinture, un moulin, une forte chute d'eau, une machine, une chaudière, une bonne maison d'habitation et 1 hectare 618 de terrain. Le haut de l'établissement pouvait servir à la fabrication des vêtements tout faits et au commerce du drap ; la partie inférieure à la teinturerie et à la coupe.

Les fonds manquaient, mais les sociétés coopératives et les « wholesales » avancèrent sur hypothèque l'argent nécessaire pour acheter le domaine dont le prix était de 141.250 francs. Les réparations et l'achat de machines devaient absorber encore 87.850 francs. La teinturerie fut organisée. En 1874, les sociétés coopératives actionnaires possédaient 89.500 francs en actions.

En 1875, les affaires s'élevaient à 435.000 francs.

— 1880	—	465.000 —
— 1885	—	610.000 —
— 1890	—	970.000 —
— 1894	—	1.072.500 —
— 1895	—	1.143.750 —

Le nombre des actionnaires est de 786, dont :

Sociétés coopératives.	298
Ouvriers	288
Divers	200
	786

Le capital-actions s'élève à 644.500 francs.

Après payement de 5 0/0 au capital, et après versement au fonds de réserve, au fonds d'assurance et d'instruction, les bénéfices sont partagés entre les sociétés coopératives actionnaires au prorata de leurs achats et *entre les travailleurs proportionnellement au chiffre de leur salaire.*

Le fonds de réserve est de 84.000 francs.

L'énergie et l'esprit d'initiative dont n'ont jamais cessé de faire preuve les fondateurs de cette société, ont seuls produit ces résultats, auxquels, nuls secours du gouvernement ou d'aucun étranger, n'ont contribué, laissant ainsi libre cours aux inépuisables ressources de l'union et de la solidarité des coopérateurs.

C'est sur les mêmes bases, mais en des proportions beaucoup plus grandioses, que fut établie la *Scottish cooperative wholesale* dont les fondateurs n'étaient plus d'humbles ouvriers isolés, mais autant de sociétés coopératives agissant de concert. Celles-ci n'avaient point tardé à comprendre, en effet, que si l'association des individus peut accroître leur puissance, l'union des sociétés doit procurer, à un plus haut degré encore, les mêmes avantages.

Les quelques sociétés de vente au détail qui constituèrent le premier noyau du « wholesale » n'avaient d'autre but que de s'approvisionner d'épicerie et de draperie, dans les meilleures conditions possibles, c'est-à-dire chez les producteurs. On peut apprécier d'ailleurs combien humbles furent les débuts de l'association, par le fait que dans le premier trimestre, les ventes ne s'élevèrent qu'à 242.500 francs, tandis que le capital n'était que de 45.000 francs. Peu à peu des succursales furent établies, pour la commodité des sociétés qui se trouvaient dans l'Est, le Nord et l'Ouest de l'Ecosse, à Leith, Dundee et Kilmarnock. Glascow demeura naturellement la maison-mère, à cause des inappréciables facilités dues à sa situation de grand port de commerce.

En 1878, les affaires s'élevaient à 15 millions de francs et le capital de ces dix dernières années avait atteint un peu plus de 2 millions. Le *wholesale anglais*, fondé en 1864, se mit, à cette époque, à installer des agents acheteurs sur les divers marchés du monde. Le wholesale écossais se joignit à lui et prit un arrangement pour partager les bénéfices et les pertes de ces dépôts à l'étranger. Les commandes réunies de ces deux grandes fédérations, payant toujours comptant, n'amenèrent que des bénéfices.

Le succès de la coopération de consommation une fois assuré, plusieurs des chefs du mouvement coopératif en Ecosse se montrèrent résolus à essayer de la coopération de production, en commençant par fabriquer les articles le plus généralement demandés par les Sociétés actionnaires du wholesale. Mais, à cette époque, les actions de la Société étaient seulement de 10 sch., et le capital emprunté était toujours exigible à volonté. On reconnut aisément que si l'on voulait entrer dans la voie de la production, il fallait accroître le capital-actions et rendre le capital emprunté plus stable. En conséquence, on éleva le montant des actions à 1 livre, et on appliqua aux dépôts un taux d'intérêt décroissant, suivant le délai accordé pour le remboursement : 4 1/2 0/0 pour les dépôts faits pour un an au moins, 4 0/0 pour ceux à six mois et 3 1/2 seulement pour ceux exigibles à volonté. De cette façon, la plus grande partie de l'argent prêté resta au moins un an.

Le choix des industries par lesquelles il fallait commencer, donna lieu, naturellement, à quelques dissentiments. On s'entendit, enfin, sur la fabrication de la lingerie. L'expérience réussit et, dès lors, les directeurs acquirent la conviction que la production d'un très grand nombre d'articles, vendus par le magasin, serait non seulement possible mais très avantageuse.

Sur un vaste terrain, les usines, directement construites par la Société, s'élevèrent aussitôt. A celle de la lingerie, on joignit la fabrication des chaussures, à raison de 10.000 paires par semaine avec environ 1.000 ouvriers qui ont produit à ce jour 1 million de bénéfices ; de la confection, donnant un millier de vêtements complets par semaine ; une grande fabrique de meubles de toutes catégories ; une imprimerie, comprenant toutes les industries se rattachant au papier, depuis sa fabrication jusqu'à la reliure. Une fabrique de produits alimentaires et conserves vint ensuite, atteignant bientôt un chiffre de vente de 4.300.000 fr. Mentionnons encore les fabriques de manteaux, de bonneterie, de drogueries, d'essence, de café, puis une manufacture de tabac qui fait un chiffre d'affaire de 2 millions de francs par an et ajoutons y enfin les moulins à farine de Chancelot-Rollet, construits près d'Edimbourg au prix de 2.500.000 fr.

Mais ces chiffres énormes n'auraient cependant qu'un intérêt purement commercial, si l'on ne songeait que tout ouvrier peut devenir membre de cette grande entreprise, et participer ainsi à son gouvernement.

La part des bénéfices, touchés par chacun d'eux,

représente environ un supplément de 2 1/2 0/0 sur leurs salaires. Le capital engagé dans les bâtiments et l'outillage représente 3.750.000 fr. et les profits réalisés dans ces dernières années atteignent 16 0/0 de ce capital.

Les ouvriers se trouvent ainsi co-propriétaires d'une des entreprises les plus considérables, en tout cas la plus variée dans ses productions et la plus rémunératrice qui soit au monde. Et si l'on songe que le wholesale écossais n'est encore qu'au début de son œuvre, il est permis de penser que les mêmes principes, qui ont assuré sa pospérité, pourront être suivis par toutes les autres Sociétés.

Nous aurions à citer encore de nombreuses associations qui, toutes, après les plus humbles débuts, sont aujourd'hui remarquables par la prospérité de leurs affaires ; mais il nous paraît superflu d'insister plus longuement sur les développements d'une institution qui s'impose à tous, non par suite d'un engouement irréfléchi ou passager, mais parce qu'elle est la résultante fatale d'une situation économique et qu'elle répond au besoin le plus essentiel de l'homme qui est de s'associer pour parvenir à ses fins.

Nous ne pouvons cependant passer sous silence la Société coopérative de Lincoln qui, la première, s'est occupée des travailleurs des champs et a, de plus, inauguré le système des habitations à bon marché, en consacrant 1 million à la construction de maisons, dont ses membres deviennent propriétaires en dix-sept ans, en payant un loyer très peu supérieur à celui qu'ils payaient autrefois.

La Société avait commencé ses affaires dans une petite rue infecte et payait un loyer annuel de 350 fr. Elle possède aujourd'hui, en dehors de son magasin central, dix-sept succursales et cinq boucheries. Les affaires s'élèvent à plus de 4.600.000 fr. et elle compte 8.900 membres.

De ce genre est encore la Société coopérative de Leicester, instituée pour la fabrication des chaussures. Basée sur les mêmes principes que la précédente, elle n'admet que ses ouvriers seuls et les Sociétés coopératives à la fourniture de ses capitaux : c'est l'union si justement désirée du producteur et du consommateur.

Les bénéfices, après prélèvement d'une somme pour le fonds d'amortissement et le payement de 5 0/0 au capital, se divisent ainsi : *aux ouvriers, proportionnellement à leurs salaires, 40 0/0* ; au conseil d'administration, 12 0/0 ; pour l'instruction, 5 0/0 ; au fonds de prévoyance, 5 0/0 ; récompense pour des services exceptionnels, 3 0/0 ; aux actionnaires proportionnellement aux sommes versées sur leurs actions, 10 0/0 ; aux clients de l'association, 20 0/0. Les bénéfices totaux de la Société depuis sa fondation se sont élevés à 308.675 fr.

Malgré le succès de ces associations, il est cependant permis de penser que les résultats auraient été plus beaux encore, si une certaine partie des coopérateurs anglais était toujours demeurée fidèle au type primitif de Rochdale, en inscrivant dans leurs statuts la participation de l'ouvrier aux bénéfices, seul moyen d'améliorer sa situation et de doubler sa faculté d'achat au magasin coopératif.

La totalité des bénéfices répartis entre les seuls consommateurs est, au contraire, dans les entreprises de ce genre, doublement néfaste, car elle refroidit d'abord le zèle de l'ouvrier, redevenu simple machine salariée et entièrement désintéressé du succès de l'industrie à laquelle il consacre ses efforts, et devient ensuite opposée au but suprême que se proposeront toujours les coopérateurs qui voient dans leur œuvre une mission sociale à accomplir et le relèvement d'une classe à opérer. S'il en était autrement la coopération ne serait plus alors qu'une œuvre de commerce, une sorte de société en commandite, non seulement sans aucune portée sociale, mais encore, dans une certaine mesure, nuisible, car elle créerait, au détriment du petit commerce, une concurrence d'autant plus redoutable qu'elle serait sans compensation ni remède. Sans doute, ces vues, trop élevées pour beaucoup, dont l'attention ne peut être captée que par l'ascendante progression des dividendes, paraîtront quelquefois utopistes, mais c'est le mérite et le devoir des initiateurs de la cause coopérative de les placer toujours en tête de leurs démocratiques institutions.

En résumé, nous trouvons aujourd'hui en Angleterre un mouvement coopératif intense, qui se chiffre comme suit :

Sociétés coopératives de production proprement dites, 180 environ ; Sociétés coopératives de consommation produisant pour leur propre compte, environ 225, soit un total de 405 coopératives, dont le chiffre d'affaires s'est élevé de 150 à 180.000.000 de francs.

Les coopératives de consommation ont, par contre, vendu à la même époque pour près de 1.500.000.000 de francs de produits divers.

Ce sont là des résultats remarquables, quoique approximatifs, par suite de la difficulté des recherches statistiques.

Le caractère pratique de cette nation se révèle dans ces chiffres. Habitués aux affaires et n'en voyant que le côté positif, les Anglais agissent en véritables commerçants, laissant de côté certains principes et, parfois, le but élevé auxquel ils tendent, pour ne voir que le bénéfice matériel immédiat à retirer.

III

La Coopération en Allemagne.

L'Allemand, avec le caractère propre à sa race, a su, par une adaptation autrement ingénieuse et souple que celle de l'Angleterre, tirer un merveilleux parti de l'association.

Bien que placé sous un régime politique autori-

taire et que les lois sur les sociétés fussent antilibé-
rales, le peuple allemand a prouvé que si chez lui,
les anciennes corporations étaient mortes, étouffées
par leurs propres liens, il n'avait pas renoncé au
principe même de l'association et qu'il était peut-être
parmi tous les peuples de l'Europe, celui qui profes-
sait le plus grand amour pour la mutualité.

Aussi le voyons-nous, sous l'empire des conditions
nouvelles, imposées à l'existence ouvrière par les
perfectionnements de l'outillage industriel moderne,
réagir de bonne heure et trouver en son propre tempérament la force de surmonter les difficultés qui lui
sont opposées.

Et non seulement ce furent les ouvriers de l'industrie qui s'associèrent, mais encore ceux des
champs ; de telle sorte qu'en peu d'années, toutes
les couches de la population laborieuse furent ga-
gnées à cette cause.

De son côté, le gouvernement, dont la loi de 1850
destinée à enrayer le cours des idées mises en honneur par la révolution de 1848, avait manifesté
l'hostilité première, ne tarda pas, sous la pression de
l'opinion et devant les nécessités économiques, à
être contraint de rapporter cette loi et de la modifier
dans un sens libéral plus favorable à l'expansion
légale des nombreuses sociétés coopératives qui s'é-
taient déjà fondées.

Parmi tous les hommes éminents qui, placés à la
tête de ces œuvres sociales, leur ont donné toute leur
intelligence et consacré leur vie, deux surtout doi-

vent être plus particulièrement signalés par leur action et leur influence.

Schulze-Delitzch et Raiffeisen sont ces bienfaiteurs des œuvres sociales allemandes.

Schulze-Delitzch nommé membre de l'Assemblée nationale de Prusse en 1848, s'occupa immédiatement des questions ouvrières qui primaient toutes les autres à cette époque. Il acquit de cette étude la conviction qu'elles ne pouvaient être résolues par l'intervention de l'Etat, ainsi que le proposaient nombre de ses collègues, et que seule la liberté de l'association pourrait y apporter remède.

Doué d'une grande énergie, il se mit aussitôt à l'œuvre et fonda, en 1849, la première société coopérative allemande en faveur de quelques maîtres menuisiers que la concurrence de la grande industrie plaçait dans une situation désavantageuse. Elle avait uniquement pour but l'achat en commun de toutes les matières nécessaires à leur industrie. Les humbles mais cependant heureux résultats obtenus par cette association engagèrent son auteur à fonder, dès l'année suivante, la première société coopérative de crédit et, en 1852, la première société de consommation qui devait être suivie quelques années plus tard seulement par des sociétés de production.

Modestes en leurs débuts, ces œuvres ne tardèrent pas à prendre une extension considérable. En 1859, Schulze-Delitsch convoqua le premier congrès des sociétés coopératives et les institutions qu'il avait déjà créées ou qui prirent alors naissance, couvrent aujourd'hui toute l'Allemagne.

Contrairement à l'organisation financière de Schulze-Delitsch qui dote ses sociétés de crédit d'un capital-actions, propre au coopérateur, Raiffeisen, son émule, fait reposer le crédit dont il a besoin pour les constituer, dans la solidarité de chacun des membres composant chacune de ses caisses. Nul apport, nulle cotisation ; le sociétaire s'engage seulement à payer solidairement et d'une façon illimitée les dettes de l'association. Le seul lien est donc la confiance réciproque ; la seule garantie offerte aux bailleurs de fonds est l'ensemble des crédits individuels de chacun des sociétaires.

C'est en 1849 que Raiffeisen mit, pour la première fois, ses idées en pratique en fondant à Plammersfeld, une société d'assistance.

Ces idées, nouvelles alors, trouvèrent peu de créance parmi les populations rurales. Vingt-trois ans s'écoulèrent, pendant lesquels le germe semé par lui ne se développa qu'avec une extrême lenteur. Ses théories avaient besoin de l'aide du temps pour porter leur fruit : elles devançaient leur époque.

Leur application pratique était indiscutable, en ce qu'elles n'exposaient leurs adhérents qu'à des risques limités, mais elles heurtaient de trop rude manière les idées courantes sur la liberté individuelle et sur le crédit, qu'on ne pouvait supposer encore que représentatif d'un capital connu.

Raiffeisen était un précurseur et comme tel avait doublement à lutter pour faire triompher son idée.

Cinquante années de pratique ont aujourd'hui fait porter leurs fruits à l'œuvre qu'il inaugura ; toutes les préventions accumulées contre elle ont disparu en Allemagne et au contact des idées de mutualité, de jour en jour s'effacent chez les autres nations.

Vienne l'époque où l'égoïsme et l'individualisme feront place à une intuition meilleure du régime social, pour le plus grand bien des classes pauvres, et les idées de Raiffeisen seront universellement adoptées et mises en pratique.

Le mouvement inauguré par ces deux hommes de bien a révolutionné les conditions économiques de l'Allemagne, il a permis à certaines populations deshéritées par le sol et le climat, de soutenir avec succès la concurrence étrangère. Il a permis aux artisans, aux petites industries de se procurer le crédit nécessaire à leurs opérations de chaque jour ; il a enrayé la misère, donné une vitalité plus grande à toute la population ouvrière de cette nation et, en un mot, empêché l'Etat d'intervenir par des lois générales, toujours restrictives de la liberté indivi-duelle, sur la condition des travailleurs.

Chaque année, des Congrès importants permettent de constater les progrès réalisés par la coopé-ration allemande ; progrès bien faits d'ailleurs pour surprendre ceux que n'intéresse point encore le mouvement social actuel.

L'Allemagne est la véritable patrie du crédit mis à

la portée des classes laborieuses, mais là cependant ne se borne pas son activité ; elle tire toutes les conséquences du principe coopératif en si grand honneur chez elle. Aucune des branches de la production ou de la consommation n'est laissée de côté. Industrie, commerce, agriculture, la coopération s'introduit partout et partout elle obtient des succès éclatants.

Qu'est-il de plus remarquable et de plus significatif en cette matière, que la Société de consommation de Breslau comptant à elle seule près de 38.000 membres sur une population urbaine de 120.000 habitants ! Elle fut fondée en 1866 avec 420 adhérents.

Elle possède 50 magasins de vente et réalise chaque année, sur un chiffre d'affaires de 12.000.000 fr., un bénéfice de 1.200.000 fr. qu'elle retourne à tous ses membres. Cette société ne s'occupant que des produits alimentaires il est facile de voir que sans cette restriction elle aurait absorbé le commerce entier de Breslau. Il y a dans l'Allemagne 1500 sociétés de ce genre !

Les agriculteurs ont été entraînés à leur tour. Ils ont non seulement usé largement des caisses de crédit Schultze-Delitzsch ou Raiffeisen, sur lesquelles ils figurent pour une proportion de 35 à 45 0/0, mais encore, dans chaque province, les grands propriétaires fonciers, unis par un sentiment de louable émulation, ont fondé des ligues de paysans. Assez semblables à nos unions de syndicats agricoles, ces ligues offrent, toutefois, cette différence qu'elles sont personnes civiles et peuvent, en conséquence, se livrer à toutes les opérations commerciales interdites aux nôtres.

Elles eurent pour fondateur le baron de Schorlemer (1).

Il commença par la Westphalie, en 1862, avec un noyau de 57 membres. Ils sont aujourd'hui 26.000.

Agissant à la manière de nos grands syndicats départementaux, les ligues se divisent dans toutes les localités un peu importantes, en sections pourvues d'un comptoir central qui dirige les affaires communes. Leurs membres soldent une cotisation annuelle de un franc vingt et reçoivent gratuitement l'organe mensuel de la ligue.

Elles se proposent comme but :

1º D'exercer sur leurs membres une influence morale ;

2º De les instruire dans les connaissances agricoles ;

3º D'améliorer leur situation ;

4º D'amener les paysans à se sentir membres d'un corps social.

Remarque à signaler : les statuts exigent que les membres de ces ligues appartiennent à une confession chrétienne, et malgré cette clause, ou grâce à cette clause restrictive, elles ont pris une extension considérable.

(1) Ces ligues existent en Prusse depuis 1796, mais elles n'étaient alors fondées que dans l'intérêt des grands propriétaires.

L'idée qui les fit naître est la même pour toutes, mais les moyens qu'elles emploient pour remplir leur programme sont divers et admirablement appropriés aux particularités économiques de chacune des provinces allemandes.

Ainsi, dans la Westphalie, cette ligue s'efforce de maintenir l'intégrité de la propriété rurale; elle veut entraver la dispersion des biens d'une famille par des partages de succession ou par tout autre motif; c'est un progrès que les provinces rhénanes, où le code Napoléon fut longtemps en vigueur, n'ont encore pu réaliser.

Chacune de ces ligues a fondé des caisses de crédit personnel, des caisses hypothécaires, des laiteries, des caves coopératives pour la vérification et la vente du vin, puis des dépôts d'engrais chimiques, etc.

Elles se sont ingéniées, en un mot, à rendre à leurs membres le plus de services possible.

L'une d'elles — celle de Westphalie — a installé un bureau de construction où 20 employés sont exclusivement occupés à dresser des plans et devis de bâtiments. Un budget spécial de 40.000 fr. est alloué à cet office qui, en 1896, a fourni 110 plans de constructions d'une valeur de 1.420.000 fr.

La même ligue, par sa caisse hypothécaire, a prêté déjà 60 millions de francs, amortissables chaque année.

Elle a fondé, pour l'usage de ses membres, 335

caisses de crédit, ayant un mouvement de fonds de 40 à 50 millions par an.

Elle a acheté 15 millions de kilogr. d'engrais et 1 million 1/2 de kilogr. de tourteaux alimentaires.

Une autre, la ligue des Provinces du Rhin, en dehors de la fondation de ses 210 caisses de crédit, de ses 26 sociétés de laiterie, de ses 2 sociétés coopératives de vignerons, etc., s'occupe plus spécialement, ainsi que celle de Trèves, à réprimer les vols et abus de confiance que commettent les intermédiaires peu scrupuleux, juifs pour la plupart, qui ont, dans ces provinces, monopolisé la vente des chevaux et des bestiaux.

Leur système était fort simple : un de ces individus achetait une vache ou un cheval et le faisait expédier à un compère qui, quelques jours après, avisait le vendeur que la bête était arrivée malade et lui réclamait le remboursement de ses frais, la reprise de la bête et un dédit; le tout sous menace d'un procès. La ligue, depuis qu'elle a été créée, en a soutenu près de 1400 de ce genre et a eu gain de cause dans 1200.

Comme conséquence, cessation presque complète de ces manœuvres dolosives.

Quatre de ces ligues de paysans comptent à elles seules plus de 100.000 membres. C'est dire l'influence qu'elles ont acquise malgré leur caractère particulier et les limites qu'elles imposent à leur recrutement.

L'esprit d'association ne nous paraît pas avoir

seul amené cette situation florissante, et nous croyons trouver ailleurs encore d'importants auxiliaires à cette prospérité ; la circonscription de ces ligues étant beaucoup plus vaste que celle ordinairement accordée chez nous aux associations de ce genre, permet de grouper et de diriger *uniformément* vers un même but, des ressources et des énergies plus considérables ; la loi prussienne est ensuite, sur le droit d'association, conçue dans un sens beaucoup plus libéral que la nôtre ; les hommes de bonne volonté sont enfin plus nombreux et ont vu leurs efforts mieux secondés qu'en France par leurs concitoyens qui, dès le début, eurent recours à eux, et non à des professionnels de la politique, pour les soins de leur représentation nationale.

Si, de ces quelques chiffres, il ressort que l'agriculture allemande est entrée complètement dans la voie de la coopération, on jugera par ceux que nous allons citer que ce n'est pas seulement la classe agricole, mais bien toute la population allemande qui est imbue de ce principe.

Il existe, en effet, actuellement plus de 14.000 sociétés. coopératives, dont 9.000 de crédit environ ; 2000 de production ; 1500 de consommation.

Les sociétés de crédit agricole du type Raiffeisen sont au nombre de 4000, pour environ 5000 de celles du type Schulze-Delitzsch.

Les sociétés de crédit sont presque toutes sous le régime de la *solidarité illimitée* (6.000 sur 7.000). De même aussi la plupart des sociétés de production et d'achat de matières premières (2.200 sur 3.400) ; mais la plupart des sociétés de consommation et de construction sont au contraire sous le régime de la *responsabilité limitée*. Une grande partie des sociétés coopératives sont enfin réunies en fédération.

Le chiffre des prêts effectués parmi les sociétés de crédit, du type Schulze-Delitzsch, qui fournissent régulièrement leur bilan, dépasse *2 milliards*, avec plus de 500.000 membres et un capital global de 7 à 800 millions.

Si l'on ajoutait à ces chiffres ceux provenant des opérations effectuées par les 6 à 7.000 banques autres que celles ci-dessus, on verrait l'importance énorme et la place prépondérante conquise par l'ensemble des sociétés coopératives en Allemagne.

Elle distance dans cette voie, comme dans beaucoup d'autres encore, la plupart des nations européennes, et seuls, les efforts accomplis, l'impulsion nouvelle, l'exemple fourni à une partie de notre population, peuvent pour nous Français, atténuer les rigueurs de cette comparaison. Que nous importe, disions-nous au début de cette étude, que ce soit des autres nations que nous vienne le progrès, si c'est chez elles que la masse des faits a créé l'évidence et peut produire ailleurs d'utiles applications.

IV

La Coopération en Italie.

Le génie de l'Association et les formes sous lesquelles il se manifeste sont toujours intimement liées à l'état économique des nations. En Angleterre, les sociétés coopératives destinées, en majeure partie, à subvenir aux besoins d'une population ouvrière immense, affectent plutôt la forme de sociétés de consommation, et en seconde ligne seulement, celle de sociétés de production. L'ouvrier allemand moins rigoureusement soumis au régime de la grande industrie et conservant par suite une situation plus sédentaire, ressentit davantage la nécessité d'obtenir le crédit qui lui était indispensable pour faire face aux nécessités de son petit commerce ou de son industrie agricole.

Quant à l'Italie, le mouvement coopératif y apparaît surtout — à l'exception toutefois des laiteries sociales qui y sont une forme spontanée de la coopération — comme une importation étrangère, se produisant à la fois sous la forme de sociétés de consommation et de caisses de crédit. Le malheureux état de la population ruinée par l'improductivité des grands domaines, par l'usure, par une administration financière rudimentaire et enfin par l'aggravation des impôts destinés à éteindre les charges nées de la constitution du nouveau royaume, nécessitait ces divers modes d'association.

Ce n'étaient, en effet, ni l'industrie ni le commerce qui pouvaient compenser les dommages et les causes de ruine, car l'industrie italienne, alors naissante, ne comptait pas encore en Europe, et le commerce qui se réduisait à peu près à l'exportation des denrées agricoles, allait être brusquement arrêté dans son développement par la rupture des traités avec la France et l'invasion des produits exotiques.

Cependant « en dix ans, écrit M. Mabilleau (1), malgré le krach des banques, les révoltes de Sicile et les folies de la politique mégalomane, malgré les charges militaires et les catastrophes coloniales, elle est arrivée à égaliser presque son agio, à supprimer le déficit de ses budgets et à porter sa rente tout près du pair, aux environs de 95. Mieux que cela, elle a su créer des modèles d'exploitation agricole, de gestion financière et d'organisation sociale. Sur plus d'un point, elle a pris l'avance du progrès économique et ses maîtresses d'hier, l'Angleterre ou l'Allemagne, ne dédaignent pas de venir, après la Belgique et la Suisse, lui demander des leçons.

Par quel miracle d'ingéniosité et d'énergie est-elle parvenue à tirer parti des conditions défavorables qui lui étaient faites ? Sans doute il faut tenir grand compte des services éminents rendus depuis tantôt deux ans par le ministère réparateur qui a mis tous ses efforts à pacifier l'Italie ; mais le secret d'une si étonnante transformation ne saurait être cherché dans une simple question de gouvernement. Sous le cabinet précédent, un des plus funestes qu'aient connus nos voisins, l'œuvre de relèvement avait commencé pour le pays, sinon pour le monde officiel. Elle est due à une méthode de travail et d'or-

(1) *La prévoyance sociale en Italie,* page XV.

ganisation sociale dont l'excellence se juge aux résultats.

Le secret de la résurrection de l'Italie tient en un mot qui n'a rien de mystérieux, l'*association* ; seulement l'originalité du génie local se manifeste par la variété, la liberté, la fécondité des applications données au principe, en même temps que leur étroite subordination au but commun. »

Les premières, en effet, les caisses d'épargne italiennes entreprirent, sous forme de prêts, de rendre aux populations pauvres, et non au gouvernement, les bénéfices capitalisés produits par leurs économies. Dues, pour la plupart, à l'initiative privée, aux sociétés de secours mutuels ou aux communes, elles cherchèrent dès leur début, à encourager la formation de l'épargne, à la conserver et la multiplier, à s'en servir en secondant le petit commerce, l'industrie, l'agriculture, à employer une partie de ces bénéfices à fortifier l'esprit de prévoyance et à l'encourager dans ses diverses manifestations. Près de 1200 caisses se livrent à cette œuvre méritoire. Elles constituent ainsi de véritables canaux, qui font pénétrer dans les provinces les sources fertilisantes du crédit et aident au développement de la nation.

Les caisses d'épargnes italiennes ont donc réalisé une œuvre sociale que beaucoup de nations pourraient envier, mais elles ne pouvaient cependant suffire à fournir du crédit, populaire ou agricole, à une population qui manquait de capitaux, non plus qu'à être seules les initiatrices du mouvement coopératif, qui, sous la pression des circonstances politiques se dessinait en Italie.

Dès 1858 les idées sociales allemandes avaient pénétré en Lombardie où deux hommes éminents, MM. Luzzati et Vigano s'en firent les propagateurs convaincus. Séduits par les magnifiques résultats obtenus en Allemagne par les sociétés coopératives du type Schulze-Delitzsch, ils entreprirent d'en doter leur pays.

Par la parole, par les écrits, Luzzati et Vigano se multiplièrent ; tour à tour conférenciers, journalistes, ils parvinrent bientôt à créer les premières banques de crédit populaire et, en 1877, organisèrent le premier congrès coopératif à Milan : 42 sociétés y étaient représentées.

D'autres eurent successivement lieu en 1878, 1880 et 1882.

Dès lors, le mouvement étant orienté, les sociétés portèrent leurs études sur les perfectionnements à introduire dans l'ensemble de leurs œuvres, à la fédération des sociétés entre elles, à leur association, aux groupes régionaux, à la législation des banques populaires, problèmes que les derniers congrès traitèrent et résolurent au mieux de leurs intérêts.

L'Italie peut être fière, aujourd'hui, de ce mouvement social. Ses banques rendent les plus grands services aux populations ouvrières et agricoles et pourront rivaliser bientôt avec celles de l'Allemagne.

En 1894, le total de l'actif des 687 banques populaires dont le bilan était connu, donnait un capital de 720 millions de francs et un chiffre de prêts énorme. Mais là ne s'arrête pas ce mouvement rénovateur. D'autres sociétés de crédit concourrant au même but, ont été fondées sur le modèle des caisses Raiffeisen. Convenant mieux aux paysans, au petit ouvrier, moins administrativement régies, elles offrent en outre des facilités plus grandes dans leur création et leur organisation, que les banques Luzzati.

M. Leone Vollemborg fut leur ardent apôtre, et près de 800 caisses rurales répandent aujourd'hui le crédit mutuel dans une foule de localités. Sur ce nombre, 700 ont été fondées par don Cerutti, avec l'appui exclusif du clergé italien, qui cherche, d'ailleurs, à prendre la tête de ce mouvement. Il créa dans ce but, au centre de plusieurs provinces, des institutions catholiques de crédit, destinées à servir de trait d'union aux petites caisses rurales, à leur venir en aide, ou à favoriser leur création.

Enfin, pour couronner l'œuvre, et augmenter sa cohésion, une caisse centrale fut instituée à Parme pour devenir le lien qui unirait toutes les caisses, aussi bien celles qui pivotent autour d'une caisse provinciale, que celles qui vivent isolées. Mieux encore, cette caisse centrale a permis de fonder et de faire vivre de nombreuses autres institutions coopératives, telles que magasins de consommation, sociétés d'assurances, laiteries, toutes placées sous la direction des unions régionales.

Tel est, dans son ensemble, le bilan de la coopération de crédit en Italie. Son développement y fut plus rapide que celui des coopératives de consommation ou de production, quoique ces dernières occupent dans la péninsule une place importante.

On compte actuellement, en effet, *800 sociétés coopératives de consommation* de toutes sortes, parmi lesquelles quelques-unes se distinguent par une remarquable prospérité. Telle est celle de Milan, fondée en 1886 par un groupe de 134 employés avec un modeste capital de 1.700 francs. Dès le début, cette société se distingua des autres par la résolution que prirent ses fondateurs de vendre leurs marchandises même aux étrangers, mais en réservant, toutefois, les bénéfices ainsi obtenus pour les seuls sociétaires. Cette idée, fort heureuse, leur permit de se développer avec une rapidité telle qu'en moins de dix ans, le capital souscrit par les nouveaux sociétaires — plus de 4.500 — s'est élevé à 1.100.000 fr. tandis que les ventes annuelles dépassant le chiffre de 4 millions ont permis de créer une œuvre modèle.

Les *sociétés de production* et de construction sont, d'autre part, au nombre de 500 environ ; les *laiteries coopératives* dépassent actuellement, grâce à leur excellente administration, le chiffre de 550.

Il est, enfin, une dernière forme de coopération qui, vaguement, rappelle les associations romaines ou collège d'artisans. Ce sont les sociétés de *Braccianti*, de ceux qui travaillent de leurs bras.

En vue de les faciliter et de leur permettre l'accès

des grandes entreprises de travaux publics, le gouvernement, en 1889, édicta une loi qui, donnant à ces associations un essor considérable, leur permit d'atteindre le chiffre actuel de 950, représentant une population de 250 à 300.000 hommes.

De l'initiative privée naquirent toutes ces œuvres dont le point de départ fut les services rendus par les caisses d'épargne qui, groupant autour d'elles, des sociétés de secours mutuels, des banques de crédit, etc., initièrent la population à ne rechercher qu'en elle-même la satisfaction de ses besoins.

L'intervention des pouvoirs publics a toujours été nulle et ceux-ci se sont bornés à ne pas entraver par une réglementation « à la française » l'essor des idées nouvelles. Aucune loi n'existe encore sur les coopératives ou les caisses rurales de crédit et cependant c'est toujours dans le sens le plus large et le plus utile à leur développement que penchent les décisions de l'administration italienne.

Heureux si nous pouvions ainsi juger les œuvres de la nôtre !

V

La Coopération au Danemark, en Belgique et aux Etats-Unis.

Le Danemark, autrefois pays de grande culture, divisait entre quelques propriétaires seulement la surface de son territoire. La situation économique de sa population, essentiellement agricole, ne pouvait être par suite que précaire ; mais soutenue par les pouvoirs publics, une transformation lente, ininterrompue, s'est effectuée pendant tout le cours de ce siècle, poussant aujourd'hui à ses dernières limites, l'émiettement de la propriété foncière.

Les paysans danois eurent, comme les autres, à souffrir de la crise économique causée par les transports rapides, la concurrence étrangère et les grandes industries.

Les fourrages, le bétail, furent particulièrement atteints par la baisse générale des prix.

Ils comprirent bien vite que, pour résister à cette tourmente et y remédier, un seul moyen était à leur disposition, la solidarité dans la production. Avec une entente vraiment remarquable, les propriétaires les plus entreprenants commencèrent par réunir entre elles les petites laiteries que chacun d'eux avait cru devoir installer pour son usage personnel.

Ensuite, frappés des progrès accomplis dans ces grandes laiteries, qui munies d'un outillage plus perfectionné, livraient des beurres de qualité supérieure, ils concentrèrent le travail dans une vaste laiterie centrale seule chargée de recevoir le lait de toute la commune. Ils la dotèrent d'un moteur à vapeur, de machines plus nouvelles encore et arrivèrent ainsi à fournir des produits remarquables par leur finesse et leur conservation.

Ce mouvement s'étendit de proche en proche, de telle sorte que chaque village possède actuellement une grande laiterie coopérative.

Ce n'était rien de produire, il fallait vendre. La concurrence entre ces 900 ou 1.000 laiteries modèles devenait ardente, une nouvelle crise de surproduction était à craindre et c'est alors qu'elles songèrent à l'exportation. Là, encore, elles réussirent à merveille : de 4 millions de kilog. en 1870, l'exportation monta à 35 millions en 1894. Elle ne cesse de s'accroître, depuis que de puissantes sociétés coopératives sont nées de la fédération des laiteries syndiquées.

Aujourd'hui sur le marché anglais, le Danemark a presque supplanté les beurres français, et y a conquis la seconde place comme pays importateur. A la suite de ce succès, de nombreuses coopératives se sont organisées pour l'exportation des œufs, légumes, lait glacé et presque chaque village possède sa boulangerie, son épicerie, sa brasserie coopératives, le tout aidé par 400 caisses rurales. Enfin, durant ces dernières années, une nouvelle industrie coopérative particulière aux agriculteurs danois a été créée. Elle a pour objet l'abattage des porcs et la préparation des salaisons provenant des abattoirs et ateliers coopératifs. En 10 années — elle date de 1888 — elle est parvenue à monopoliser cette industrie.

Voilà ce que peut donner la coopération lorsqu'on y entre franchement, sans arrière-pensée ; lorsque chacun, faisant abstraction de sa volonté propre, se plie aux exigences communes et travaille dans l'intérêt général.

En Belgique, les idées changent avec les mœurs. Nous n'avons plus devant nous une population agricole à l'intelligence droite et saine. La classe ouvrière domine. Depuis longtemps elle est imbue des théories les plus avancées. Sous son influence, la coopération se teinte d'un socialisme qui entrave son extension, et arrête tout progrès.

Et cependant depuis 1848, plusieurs tentatives ont été faites pour implanter parmi les travailleurs le principe si moral de la mutualité, de la solidarité. Elles sont demeurées vaines. Seules, les boulangeries coopératives, fondées par le parti socialiste, pour l'usage exclusif de ses adeptes, ont prospéré et acquis une grande puissance. Elles sont devenues entre ses mains un instrument de propagande, qui pousse à la guerre des classes et fait dévier la coopération de son rôle bienfaisant. Aussi, depuis quelques années, sous l'excès du mal, la réaction s'accentue et 400 sociétés ont été constituées par les employés de l'Etat, par le personnel des chemins de fer et des grandes administrations publiques. De leur côté les centres agricoles commencent à s'éveiller à la vie coopérative. Des sociétés d'épargne et de crédit, des laiteries coopératives, des syndicats d'achat et de vente s'organisent qui, développant encore ce mouvement de défense contre le principe socialiste, lui servent aussi de contre-poids.

Bien qu'aux **Etats-Unis,** la population ouvrière soit tout aussi accessible qu'en Belgique aux théories socialistes et que la coopération y soit tout aussi peu pratiquée, il ne faudrait pas en conclure qu'il y a corrélation entre les deux faits. La cause est plus complexe et relève surtout d'une situation économique infiniment plus favorable aux ouvriers du Nouveau-Monde. En effet, les conditions de la vie ouvrière aux Etats-Unis sont tout autres ; les salaires y sont élevés, les communications rapides et les chances de succès personnels si nombreuses, que le principe de la solidarité ne peut s'y épanouir, comme chez les nations de l'Ancien Monde, surchargées de populations, et en proie à cette lutte pour l'existence que connaissent seuls les peuples les plus avancés en civilisation. Ils ne sentent donc pas encore la nécessité de groupements sociaux devant leur procurer des facilités d'existence plus grande, meilleure.

C'est sous une autre forme, celle des Trades-Unions que l'union ouvrière s'y est manifestée. Son but est de traiter de puissance à puissance avec les grandes entreprises capitalistes et d'obtenir l'élévation des salaires, au moyen de grèves colossales. Emanation des principes socialistes, la mutualité cherche à les combattre. Déjà, vers 1866, elle avait entamé cette lutte avec une ardeur et une persévérance dignes d'un meilleur sort, car après avoir couvert le pays de magasins coopératifs, ce mouvement cessa rapidement, accaparé par les politiciens. Quelques sociétés coopératives et une puissante banque sont tout ce qu'il en reste. Toutefois, quelque temps après, l'exemple de Rochdale suscita dans les grands centres manufacturiers des tentatives intéressantes, malheureusement sans lendemain.

De nos jours cependant, une union coopérative, calquée sur celle de l'Angleterre vient d'être créée et se propose de barrer la route au socialisme par le triomphe des idées coopératives.

Elle lutte avec courage par la plume, la parole ; publie un important recueil auquel des hommes éminents se font gloire de collaborer et cherche au moyen des Comités disséminés dans les centres les plus importants à créer une agitation favorable à ses vues.

Il est malheureusement à craindre que son action ne reste bornée tant que les conditions de la vie matérielle ou industrielle ne seront pas modifiées, et que de si louables efforts demeurent improductifs.

X

La Coopération en France.

Il nous a été donné, quelques pages plus haut, de décrire les origines du mouvement social actuel. Nous avons vu la France, son initiatrice convaincue, s'attarder à la solution d'utopiques problèmes ; nous l'avons vue faire preuve d'un esprit généreux, mais sans but déterminé, se griser de mots et de sublimes rêveries sur le bonheur social ; se contenter de théories superbes, et délaisser leur côté pratique : « la proie pour l'ombre ».

« C'est là l'esprit de notre race, répète-t-on in-
« consciemment, s'il fait preuve de désintéresse-
« ment et d'abnégation, soyons-en fiers et n'envions
« pas le caractère mercantile de la race anglo-
« saxonne, » et cela va se répétant toujours, comme un axiome national. Hélas ! le peuple lui-même, ce peuple, cependant, qui ne vit que de son travail, qui en attend son pain quotidien, est le premier à se passionner pour une idée, un mot, pourvu que cette idée ou ce mot parle à son âme, berce sa rêverie sur le bonheur prochain, le tranquillise sur le moment présent.

C'est à cela que tous nos gouvernements ont, tour à tour, sacrifié leur existence. Ils ont voulu à eux seuls, de leur autorité privée, faire le bonheur du peuple. Ils l'ont mis sous leur tutelle, l'ont traité comme leur chose à eux, l'ont placé sous leur domination, ne lui laissant de liberté que pour d'abstraites utopies. Ils l'ont associé à leur sort et tout le poids de leur faute est retombé sur lui. Ils se sont mis sous l'égide de la liberté et l'ont supprimée dans la vie sociale !

Grande a été leur responsabilité, et éphémère leur pouvoir, parce qu'au lieu de l'appeler à se gouverner lui-même, par des lois économiques, respectant toutes les idées et sauvegardant, en même temps que les intérêts privés, ceux supérieurs de la nation, ils ne lui ont donné que des lois politiques, toujours néfastes, parce qu'elles ne s'appuient que sur des idées, des mots, et qu'au-dessus de la forme du gouvernement, il y a la nation qui vit, qui travaille et ne peut se payer de vaines théories.

Or, pendant que l'on discourait, pendant que le peuple des travailleurs écoutait, d'une oreille complaisante, les maximes d'un socialisme chimérique qui lui promettait une fin prochaine à ses maux, les autres nations, plus maîtresses d'elles-mêmes, marchaient dans la voie du progrès et forçaient les gouvernements réfractaires à accorder les lois dont elles avaient besoin.

Il a fallu un siècle de controverses et plusieurs révolutions, pour que la liberté d'association fût enfin octroyée aux travailleurs français.

C'est de l'année 1884 que date, en France, la première loi de liberté économique. Elle a ouvert une ère de progrès fécond, d'apaisement social, et amènera probablement la fin de nos luttes stériles. Mais, avant cette date, d'autres œuvres coopératives avaient été tentées déjà.

La coopération française a débuté par l'association de production, et l'on peut même avancer que pendant longtemps, jusqu'en 1880, cette forme de la coopération est apparue comme la véritable solution de la question sociale.

Elle était préconisée par tous les économistes.

Les fondateurs du socialisme moderne s'y ralliaient eux-mêmes, et, sous leur influence, de nombreuses coopératives virent alors le jour. Malheureusement, les hommes qui dirigèrent ce mouvement, malgré leur foi d'apôtre, manquaient trop de la pratique courante des affaires pour surmonter les obstacles du début.

Leur insuccès amena un temps d'arrêt. Il fallut attendre l'impulsion de l'Angleterre qui, plus pratique, avait tourné la difficulté en créant de nombreuses sociétés coopératives de consommation.

Introduites chez nous, sous le second Empire, elles tombaient dans un milieu mal préparé pour les recevoir. Leur développement s'en ressentit; il fut très lent. Moins préconisées que les précédentes, plus terre à terre, plus commerciales, elles satisfaisaient moins bien l'idéal des promoteurs du mouvement ouvrier. C'est sans enthousiasme qu'ils s'en occupèrent, n'y voyant pas une solution rapide et éclatante à leurs rêveries; une douzaine, à peine, subsistent aujourd'hui.

Cet état se prolongea pendant fort longtemps encore et ce n'est que vers l'année 1880 qu'un réveil se manifeste, que les saines idées de mutualité commencent à passionner certains esprits d'élite et que ces œuvres sociales se répandent définitivement en France. En 1885, un premier congrès a lieu où 80 sociétés coopératives se font représenter.

D'autre part, sous l'égide de la loi de 1884, les syndicats professionnels se multiplient grâce à l'impulsion des agriculteurs qui entrent en lice et déterminent un courant qui anime à son tour toutes les autres branches de la vie sociale.

De l'étude de ce grand mouvement, honneur de notre siècle, résultera pour nous la conviction que notre patrie, malgré sa longue indifférence, ne tardera pas à regagner l'avance perdue, si toutefois les pouvoirs publics, par leur crainte routinière, n'y mettent encore obstacle.

A l'inverse de ce que nous avons constaté en Allemagne et en Italie, où le mouvement coopératif a débuté par la fondation de *caisses et de banques de crédit populaires*, aucune tentative couronnée de succès, n'a eu lieu en France pour y implanter cette forme de la coopération.

Les seules organisées, aujourd'hui, sauf de très honorables exceptions, la Banque populaire de Menton et quelques autres, par exemple, ne s'occupent que de l'agriculture.

Est-ce à l'absence des coopérateurs ou à l'abondance des capitaux en quête d'emploi qu'il faut l'attribuer? Cependant les caisses allemandes de Schulze-Delitzsch, dont le mouvement de fonds s'élève à plusieurs milliards, ont pour principale clientèle les petits patrons, les ouvriers syndiqués. Elles leur prêtent annuellement des sommes considérables, leur rendent d'immenses services, et surexcitent la petite production en mettant aux mains de tous ceux que séduit le principe coopératif, le puissant levier de l'argent.

Leur absence chez nous est-elle donc *cause* ou

effet ? Si d'après les résultats obtenus par les caisses rurales de crédit agricole, un jugement peut être porté, on serait tenté d'affirmer, à voir l'élan avec lequel ces dernières se multiplient, que l'absence de banques populaires est une des causes qui contribuent le plus à arrêter le mouvement syndical ouvrier, et à l'entraver dans le domaine de la production industrielle.

Toutefois, si le crédit populaire n'existe pas encore chez nous, le crédit agricole tend, au contraire, à se répandre rapidement dans toutes les régions où son action est nécessaire.

Beaucoup de syndicats agricoles ont annexé déjà de semblables caisses à leurs autres institutions, et le Président de l'Union des caisses rurales, dont le siège social est à Lyon, s'efforce d'implanter parmi nos populations ouvrières et rurales, cette forme si riche de la coopération. Il a créé un type de caisse qui tient de la responsabilité limitée en ce qu'elle doit avoir un capital et de la responsabilité illimitée en ce que tous ses membres sont solidairement responsables des opérations effectuées.

Elles ne peuvent, naturellement, que fonctionner dans un tout petit rayon ; la commune est leur champ d'action ordinaire. Depuis le mois de mars 1893, 700 caisses ont été fondées par cette union seulement. En comptant celles organisées en dehors d'elle, environ 1000 caisses de crédit agricole fonctionnent actuellement chez nous. Une loi de novembre 1894 réglemente leur organisation intérieure.

Elle a consacré pour une bonne part ce qui existait déjà, mais a apporté quelques restrictions à leur fonctionnement, tout en fortifiant l'idée syndicale, puisque les membres des syndicats agricoles peuvent en faire partie

Si des caisses de crédit, nous passons aux coopératives de production, nous sommes obligés de constater une infériorité manifeste sur nos voisins, puisque d'après les statistiques — superficielles, il est vrai, — que nous avons sous les yeux, nous ne relevons que les noms de 110 d'entre elles environ. Prises individuellement, elles sont également bien moins puissantes que les coopératives anglaises ou allemandes ; mais il serait toutefois arbitraire de ne les juger que sur leur mouvement de caisse. Les principes qui les régissent, les œuvres d'assistance qui gravitent autour d'elles, doivent forcément entrer dans la balance et, à ce point de vue, elles ne redoutent plus aucune comparaison avec leurs rivales.

Tel, le Familistère de Guise qui peut être cité comme un modèle, tant par son importance industrielle que pour les services rendus aux ouvriers. Une population de 18 à 1900 habitants y trouve une existence confortable, et un travail des mieux rémunérés.

Le familistère, fondé en 1880, couvre, en y comprenant les usines, une superficie de plus de 33 hectares.

Le capital social de 4.200.000 francs appartient

en entier aux ouvriers, qui ont reçu en 16 années tant pour pensions et retraites que pour secours, etc., une somme totale de plus d'un million.

Telle, également la papeterie coopérative d'Angoulème qui répartit le 75 0/0 de ses bénéfices entre le travail et l'intelligence, c'est-à-dire entre tous les travailleurs quels qu'ils soient.

Sur un capital de 4.570.000 francs, près de 2 millions appartiennent déjà au personnel.

Beaucoup d'autres associations sont en des situations tout aussi prospères. Nul doute que dans l'avenir elles ne servent d'exemples et de guides pour celles qui se fonderont à mesure que les idées pratiques pénétreront davantage dans l'esprit des classes ouvrières.

On conçoit, du reste, toute la difficulté de leurs créations. Elles ont à lutter, même avant de naître, contre l'hostilité des usines concurrentes ; elles ont besoin d'un capital, presque toujours considérable, soumis lui-même à de nombreuses chances de pertes. Les conditions économiques de la production moderne se modifient de jour en jour dans le sens du monopole. Les sociétés par action détiennent une grande partie des usines; les bénéfices, par suite de la concurrence, se limitent généralement au simple intérêt stipulé par les statuts; très peu font de brillantes affaires. Celles qui réussissent cherchent la rémunération de leurs capitaux dans la spéculation, dans le monopole ou l'accaparement d'un produit déterminé ; de puissants syndicats pa-

tronaux se fondent, tendant à l'unification des prix
de ventes, afin d'annuler toute concurrence ; de
plus, les prix sont généralement fixés assez bas,
pour pouvoir résister à la production étrangère et
empêcher la création de nouvelles usines rivales.
Enfin, les découvertes chimiques sont si fréquentes,
elles ont une action si directe sur la prospérité des
usines que, presque seuls, des capitaux anonymes
peuvent affronter une pareille lutte.

Telles sont quelques-unes des causes qui mettent
obstacles à la rapide diffusion des coopératives de
production.

Les mêmes causes ont amené la scission
dernière dans le parti socialiste. Désespérant de
s'emparer par le travail soutenu, par le dévouement patient à son prochain, des forces vives
de la production industrielle, les chefs du parti
ont préféré préconiser l'expropriation violente :
« L'usine aux ouvriers », ont-ils dit, c'est-à-dire la
main mise par l'Etat sur les moyens de production ;
le monopole remplaçant la liberté ; les ouvriers
enrégimentés, le consommateur soumis à des prix
arbitraires, etc...

Ils ont reculé devant la lutte pour la vie. La liberté individuelle leur fait peur, et ce sont les travaux forcés pour l'ensemble de la nation, qu'ils
rêvent d'appliquer.

Cette lutte devient certainement de jour en
jour plus âpre, plus terrible. Les faibles sont foulés
aux pieds sans pitié, parce que au lieu de faire ap-

pel aux nobles sentiments de leurs semblables, certains économistes et l'État lui-même, exaltant le principe de la liberté individuelle, ont poussé chaque unité à se considérer comme le centre de la société et à répudier le concours des autres. Les chefs du socialisme ont, de leur côté, préconisé la puissance de l'État, sur l'individu isolé, de la collectivité sur les unités, creusant davantage encore le fossé déjà profond qui sépare chacune de ces individualités. C'est la haine du prochain que l'on préconise, au lieu de la solidarité : nous en supportons aujourd'hui les funestes résultats.

Cependant des idées nouvelles se font jour ; un courant de réaction contre le passé semble se dessiner. Une comparaison s'établit fatalement d'ailleurs entre le vide des théories socialistes et les résultats donnés par la pratique de la mutualité, et de même qu'il est hors de discussion que l'État est le plus mauvais des producteurs, le plus anti-économique, de même la solidarité officielle, ne peut résoudre aucune question d'économie sociale, ni calmer aucune douleur.

La forme coopérative la plus pratique entre toutes est la *Société Coopérative de consommation*. Celle-ci commence à prendre chez nous une sérieuse extension, et si l'on y comprend les syndicats agricoles, leur nombre dépasse le chiffre de 3.000 ; il lui est même très probablement supérieur car ces derniers s'annexant presque tous un magasin de vente, font, de ce fait, de la coopération de consommation en faveur de leurs membres.

Leur développement est donc en excellente voie de progrès.

Quelques-unes de ces coopératives de consommation indiquent, par l'importance qu'elles ont acquise, que la population des travailleurs est loin d'être réfractaire aux idées de mutualité, lorsqu'on les lui présente sous une forme accessible et pratique. Très nombreuses sont celles dont les ventes atteignent quelques millions ; d'autres même dépassent annuellement un chiffre d'affaires de 10 millions.

Nous ne pouvons évidemment trouver en France des magasins coopératifs d'une importance comparable à ceux d'Angleterre.

Les causes les plus sérieuses de cet état de choses nous semblent se résumer en deux faits : modicité relative des prix de vente au détail dans les centres populeux et, surtout, l'établissement dans les grandes villes de magasins du type du *Bon Marché*, vendant tous les articles possibles à *prix fixe* en ne prélevant sur chacun d'eux, qu'un pourcentage très faible ; ils développent ainsi la consommation et ne trouvent leurs bénéfices que sur le chiffre des ventes.

Quelques-uns de ces magasins font des affaires colossales, et l'on conçoit très bien qu'ils aient une répercussion directe sur le développement des coopératives de consommation, puisque leurs prix de vente tendent à se niveler, diminuant ainsi l'attrait de différences importantes, pour tous ceux qui ne

voient dans la coopération que le côté matériel, le
bénéfice immédiat à retirer.

En l'absence de toute statistique certaine, on
peut, pensons-nous, évaluer à la somme de 300 millions l'ensemble des affaires annuellement traitées
par les coopératives. Malgré leur caractère commercial, ces institutions doivent être fortement en-
couragées ; car elles sont vraiment *la cellule ouvrière
de l'organisation coopérative*. Elles servent d'enseignement pratique, montrent ce que peut la coopération et seront plus tard le pivot des futures sociétés de production.

Si les ouvriers d'usine, ou le consommateur des
villes n'ont pas encore retiré de la loi de mars
1884, tous les fruits qu'elle contient en germe, par
contre l'ouvrier des champs, les propriétaires ruraux l'ont mise à contribution pour améliorer dans
la mesure du possible leur condition devenue précaire.

De cette époque date la création des *syndicats
agricoles*, dont cinq seulement, d'après la statistique officielle, existaient antérieurement. Ils sont
aujourd'hui plus de 1500. Dans plusieurs congrès,
dont le plus remarquable fut celui organisé à Lyon,
en 1894, par M. E. Duport, l'éminent fondateur de
l'union du Sud-Est, d'importantes résolutions furent votées à l'unanimité des syndicats représentés.
Dès ce premier congrès, 400 syndicats prirent contact ; ils se donnèrent des règlements et complétè-
rent leur organisation primitive en divisant la France

en grandes circonscriptions dans chacune desquelles une union de syndicats fut appelée à se fonder.

Celles-ci eurent d'abord pour but de servir de trait d'union, d'intermédiaire auprès des pouvoirs publics, c'était un premier et très important service moral, mais pour compléter leur action au point de vue des services matériels une coopérative agricole leur fut annexée, et se chargea de toutes les opérations commerciales des syndicats affiliés.

Une impulsion plus vive encore fut ainsi donnée à la création des syndicats agricoles. Ils sont aujourd'hui tellement entrés dans les mœurs des populations agricoles qu'on ne pourrait comprendre l'exploitation du sol, sans leur aide et leur appui.

Leur mission est autrement large et féconde en effet que celle des syndicats ouvriers. Toutes les questions économiques sollicitaient leurs études : réformer les lois agricoles, les traités de commerce, réunir en une masse compacte les agriculteurs toujours isolés, etc.

Grâce à eux, aujourd'hui, les ouvriers de la terre ne sont plus traités en parias et l'idée de solidarité, le plus grand des bienfaits, pénètre dans leurs esprits.

Tous les syndicats agricoles constituent en quelque sorte autant de *coopératives de consommation* puisqu'ils achètent en gros, ce qu'ils partagent en détail à leurs membres et de *coopératives indirectes de production* puisque par leur intermédiaire des

méthodes culturales nouvelles, des semences sé-
lectionnées, des engrais justement dosés et appropriés, sont fournis à leurs adhérents.

Leur chiffre d'affaire, qui s'étend à toutes les
opérations agricoles quelles qu'elles soient, atteint
un chiffre très élevé.

Beaucoup réalisent plus d'un million de ventes
par année et tous ont su acquérir une incontestable
importance pratique, grâce à l'excellente gestion de
leur budget et aux œuvres sociales dont ils se sont
entourés.

Mais les syndicats ne sont pas les uniques centres d'action de la coopération agricole. Depuis
longtemps déjà, en Franche-Comté surtout, des
fruitières ou laiteries coopératives, recevaient le
lait de leurs associés, le transformaient en beurres
et fromages, et après la vente partageaient les bénéfices proportionnellement à la quantité de lait
fournie.

Par suite des nécessités nouvelles du commerce,
de la transformation des moyens de communication
ou de la concurrence internationale, les habitants
des régions d'élevage ont été insensiblement amenés au principe de l'association et de nombreuses
laiteries coopératives se sont ainsi fondées. Plus de
2.500 existent aujourd'hui et beaucoup fonctionnent à la manière des syndicats agricoles pour les
achats des matières nécessaires à leur industrie.

A ces laiteries nous devrions ajouter encore
toutes les sociétés agricoles, de forme coopérative,

qui transforment les produits de la terre mais dont, regrettable lacune, la statistique est encore à établir.

Telles sont, trop brièvement résumées, les principales œuvres sociales nées sur notre sol.

Elles ne peuvent malheureusement pas rivaliser avec celles de l'Angleterre, de l'Allemagne ou même de l'Italie ! Mais nous ne pensons pas que de cette infériorité on doive conclure que le Français est réfractaire aux idées élevées, que la solidarité humaine le touche peu, que l'égoïsme, l'amour de lui-même lui font oublier ce qu'il doit à ses semblables. La pleine et entière responsabilité de ce déplorable état de chose est seulement imputable aux gouvernements français, qui n'ont jamais cru devoir séparer les pouvoirs économiques de la nation de ses pouvoirs politiques, la rendant ainsi solidaire de toutes leurs fautes. Et comme la représentation des classes laborieuses est faite non par des groupements corporatifs mais, au contraire, par des groupements politiques, tous les esprits sont faussés et les intérêts matériels complètement sacrifiés.

Or, tant que cette distinction n'aura pas lieu, le travail national demeurera dans une situation précaire et subordonnée à tous les événements politiques.

Les temps nous paraissent enfin venus de rompre avec ce passé autoritaire et de donner à notre pays, avec une large décentralisation administrative, une liberté complète pour toutes les œuvres sociales d'initiative privée. Nous devons, pour reprendre notre rang parmi les autres nations, rompre définitivement avec les errements politiques qui nous atrophient et marcher à la tête des progrès économiques rendus d'ailleurs indispensables par les transformations sociales de notre époque. Il importe pour cela que des chambres professionnelles soient créées, ayant pour principale mission l'étude et le vote des lois intéressant le travail national. Il importe enfin, qu'après un siècle de servage administratif, sous lequel ont plié, vaincus, tous les cœurs généreux, le Français reprenne l'habitude de se gouverner par lui-même, et non par mandataires politiques.

STATISTIQUE

aussi exacte que possible des Sociétés Coopératives existant chez les principales nations de l'Europe.

ANGLETERRE 1896.

Sociétés de crédit, à peu près inconnues.

Sociétés de matières premières et de production . .	405
Sociétés coopératives de consommation	2400
— — agricoles de consommation .	259
Laiteries coopératives	300

Le chiffre d'affaires réalisées par ces diverses sociétés est à peu près le suivant :

Coopératives de production de 150 à 180.000.000 de fr.

Coopratives de consommation de 1.500.000.000 de fr. environ,

Le capital leur appartenant est de 400.000.000 environ.

Le nombre des membres adhérents est d'environ 2.200.000 représentant une population civile de 10 à 11 millions d'habitants.

ALLEMAGNE

Sociétés	1870	1880	1891	1896
Crédit, ...	1871	1895	4401	8069
Matières premières et machines.	164	360	1442	1145
Consommation.	739	645	1122	1400
Production	68	153	151 }	1733
Laiterie	1	70	1087 }	
Construction de maisons. . .	5	36	55	132
Assurances	»	.38	94	108
Magasinage.	38	53	66	75
	2886	3250	8418	12639

IMPORTANCE DES AFFAIRES TRAITÉES EN 1896

Sociétés de crédit . . . . 3.800.000.000 de francs environ.
Capitaux leur appartenant. 300.000.000 —
Sociétés de consommation. . 200.000.000 —
Capital propre. . . . . 18.000.000 —

Ces chiffres sont approximatifs et déduits de ceux donnés par une fraction seulement de sociétés existantes.

En Allemagne le nombre total des sociétaires est de 1.918.000 donnant une population civile de 11 à 12 millions de personnes.

ITALIE 1896.

Sociétés de crédit et d'épargne 2687
Coopératives de production 368
Coopératives de consommation 1495
Sociétés de construction. 109
Laiteries coopératives 490
Sociétés coopératives ouvrières 558
Syndicats agricoles . . . . , ... 220

Le mouvement des affaires a été :

Pour les *Sociétés de crédit* de 1.500.000.000 de francs avec un capital propre de 125.000.000 de francs environ.

Sociétés de consommation environ 100.000.000 de francs.

Sociétés de production environ 40.000.000 de francs.

En Italie le nombre des adhérents à ces diverses sociétés est d'environ 1.700.000 donnant une population civile de 8.500.000 personnes.

FRANCE 1897.

Sociétés de crédit environ 1000
Coopératives de production 200
Sociétés d'assurances diverses agricoles 280
Laiteries coopératives 2500
Coopératives de consommation 1311
Syndicats agricoles 1371
Syndicats ouvriers 2316
Syndicats industriels ou patronaux 1823

Les prêts effectués par les Sociétés de crédit ont été peu nombreux jusqu'à présent, ils s'élèvent à peine à 10.000.000 de francs environ.

Les coopératives de production ont donné lieu à un mouvement d'affaires d'environ 70 à 80.000.000 de francs.

Les coopératives de consommation et les syndicats agricoles dépasseraient 300.000.000 de francs annuellement.

En France, les adhérents sont de 1.600.000 représentant une population familiale de 6.500.000 personnes.

CONCLUSION

Parvenus au terme de cette étude nous pouvons jeter enfin un rapide coup sur d'œil la marche générale du principe d'association à travers les âges et les mobiles qui l'ont inspiré.

Des périodes de l'antiquité, dont l'importance ne fut jamais en notre esprit que secondaire, et qui n'intervinrent ici qu'à titre de documents intéressant les transformations sociales successives, nous ne pouvons tirer aucun enseignement prépondérant. — Leur œuvre particulière demeure nulle, enchaînée d'abord par le régime de l'esclavage et, plus tard, chez les Romains, entravée par une législation abusive qui l'enserre et l'étouffe. Les associations de ces époques sont à peu près comme l'âge de fer du monde coopératif. La société ouvrière, d'instinct, découvre leurs propriétés bienfaisantes et vaguement, autant que les mœurs et les lois peuvent le lui permettre, elle les applique comme remèdes à ses maux. Ces remèdes furent-ils efficaces ? Nous ne savons. Certains, l'érane grec, par exemple, durent être accueillis avec enthousiasme si l'on en juge par leurs développements ; d'autres furent pires que le mal : tels ces collèges d'artisans de la décadence romaine.

17

Mais le principal intérêt pour nous des groupements ouvriers de l'antiquité, le seul même qui nous puisse captiver est qu'ils forment autant de jalons traçant la longue et pénible route suivie ; qu'ils marquent les transformations opérées par le régime du travail et nous servent à mieux juger, par la connaissance des temps passés, l'évolution économique des temps présents.

La lutte entre le consommateur et le producteur fut à toutes les époques le motif, la base même des associations en général.

Rome et la Grèce ne connurent que la tyrannique suprématie du premier. A lui revenait toute richesse ; c'était son droit indiscuté ; consommer était le propre de l'homme libre, produire était celui de l'esclave. Cette distinction absolue affectait une telle rigueur que, même sous l'influence des idées de négoce qui s'introduisirent ensuite, c'étaient encore les affranchis, c'est-à-dire des hommes sur lesquels l'esclavage laissait encore peser quelques traces de son joug, qui représentaient leurs anciens maîtres ; ceux-ci n'intervenaient jamais que comme bailleurs de fonds.

Le rôle de l'association se trouvait ainsi étroitement limité et ne pouvait s'exercer que dans un but d'assistance mutuelle, de travail en commun, ou simplement de cérémonies religieuses périodiques ; ce fut le mobile le plus répandu.

Sous l'influence civilisatrice du christianisme une transformation s'opère qui ne cesse d'indiquer des tendances absolument contraires à celles des périodes précédentes. Le producteur conquiert peu à peu ses droits et, avec eux, une certaine indépendance. Celle-ci, dans certaines régions, se manifeste d'abord par des libertés politiques : c'est la première étape qui, à peu près identique pour tous, provoque l'institution des communes jurées.

Plus tard, avec la fortune née du travail et opposée à celle, jusque-là plus enviée, venue des guerres et du pillage, la considération de l'ouvrier habile prend naissance ; il devient maître et, comme tel, dirige son atelier, puis de concert avec ses égaux le régime de la profession tout entière : c'est le règne de la corporation de métiers.

Dès lors, le rôle du consommateur dans l'organisation de la société commence à décliner ; les progrès des arts, des sciences, de la civilisation tout entière, font, chaque jour, sentir davantage la nécessité, l'importance du travail et de ceux qui le produisent. Le régime économique des nations qui, jusque-là, avait été modifié, surtout par la fortune des armes, se soumet au développement des ateliers et aux conditions qui le favorisent ou l'entravent.

Mais l'évolution demeure incomplète car la communauté, telle qu'elle est alors entendue, protège admirablement dans les débuts une industrie que seule l'association des forces et l'enseignement mutuel peuvent faire vivre et prospérer : elle devient, par la suite, incompatible avec l'esprit d'indépendance qu'engendre, dans la masse des ouvriers, la conscience d'une éducation professionnelle accomplie et les facilités du travail indépendant.

La Révolution intervient alors, nivelant les classes et détruisant toutes les restrictions législatives ; le travail est libre, c'est l'idée dominante de l'ère nouvelle. Avec elle la lutte recommence ; la fortune des partis est seule changée : le producteur domine, c'est le capital qui, depuis l'avènement de la grande industrie, dirige la société, soumettant de plus en plus le consommateur à ses exigences et à ses lois ; ce dernier perd, bientôt, toute initiative, abdique toute souveraineté ; de nouveau il n'y a plus équilibre et les mêmes maux qui, autrefois, au point de vue purement économique s'entend, accablaient le producteur, ruinent aujourd'hui le consommateur.

Mais une modification nouvelle et très importante aggrave encore cet état : le nombre des producteurs, jadis considérable, se réduit à des proportions restreintes, car on ne saurait compter comme tel le prolétaire qui, machine animée, prête ses bras à un travail dont il ne tire aucun bénéfice ; il forme, à un degré moindre, si l'on veut, une catégorie particulière de consommateurs, mais n'en augmente pas moins d'autant cette classe déjà si nombreuse.

Et nous assistons alors à la manifestation des mêmes tendances que par le passé. L'association intervient encore, mais dans un sens contraire. La crise, qu'augmentent les conditions plus onéreuses de l'existence moderne, s'aggrave chaque jour et l'on s'associe, sinon encore pour lutter contre les producteurs, du moins pour obtenir dans la vie journalière une diminution des charges.

Les coopératives de consommation se fondent ; c'est le premier pas vers la revanche prochaine de la masse de la société contre les producteurs, contre le capital. On ne peut, en effet, même avec les forces de l'association, instituer une concurrence spontanée et produire ; toutes les tentatives de ce genre, nées des utopies émises par l'école socialiste de 1848, ont été vouées à une brève déchéance.

Cependant le préjugé est si fortement enraciné dans les esprits que, de nos jours encore, le socialisme réclame « la fabrique aux ouvriers ». L'idée, sans doute, est généreuse, mais d'une exécution impossible, telle du moins que la suppose cette maxime. Ce n'est que par une gradation rationnelle, obligatoire même, que pareil résultat peut être obtenu.

Les consommateurs se groupent dans le seul but, d'abord, d'acheter à meilleur compte ; ils se revendent ensuite au prix du gros et prélèvent un léger bénéfice, le prix général restant toujours inférieur à celui précédemment acquitté au commerce de détail. Ils capitalisent ces bénéfices, augmentent l'importance de leur magasin, et se trouvent bientôt ainsi à la tête d'un capital qui ne leur a rien coûté, et dont la production leur a même occasionné une économie. C'est alors, mais alors seulement, que, cessant de s'adresser au producteur, les consommateurs, sûrs de l'écoulement de leurs marchandises et forts de leur capital de réserve, peuvent devenir fabricants et produire à leur tour. Le cycle est accompli.

Pour obtenir ce résultat, qui fut celui des coopératives de Rochdale, de Leicester et de Lincoln, de Milan et de tant d'autres enfin, la marche demeure uniforme ; la formule la plus exacte est, croyons-nous, depuis longtemps mise en pratique, sa simplicité seule peut être perfectionnée, car le champ sur lequel doit s'exercer l'ingéniosité des coopérateurs est immense et les besoins qu'ils ont à satisfaire malheureusement illimités.

Tel est le principe général, mais son application subordonnée soit au caractère des populations, soit à leur état économique, donne lieu aux développements les plus divers et l'on ne saurait établir que telle forme de coopération doit toujours précéder et dominer les autres. L'Angleterre dont la fortune publique assurait une certaine aisance à la vie matérielle du peuple, connut d'abord les coopératives de consommation ; l'Allemagne et l'Italie, pays relativement pauvres, ressentirent davantage les nécessités du crédit et développèrent surtout chez elles les banques populaires ; le Danemark et la Suisse aux vastes pâturages, formèrent de puissantes laiteries coopératives ; partout enfin ce sont les nécessités majeures de la vie courante, et non les théories, qui donnent l'impulsion première.

Il semble, à première vue, que les conditions politiques d'une nation, doivent avoir, sur le développement de ses institutions sociales, une influence prépondérante ; cependant, sans vouloir établir le bien-fondé de ce principe, dans la généralité des cas, nous devons reconnaître son inexactitude pour le sujet qui nous occupe.

Ainsi que nous venons de le voir, ce n'est pas seulement dans l'esprit des constitutions politiques que l'on doit rechercher les causes qui produisirent ou développèrent en divers pays les sociétés coopératives, les syndicats ou les banques populaires. Le mouvement coopératif dépend de faits beaucoup plus complexes que ceux auxquels pourraient donner naissance les libertés politiques d'un peuple ; le besoin d'association se fait même d'autant plus vivement sentir que l'individu enfermé en un cercle social plus étroit, voit augmenter ses charges et les difficultés de son existence.

Les phénomènes économiques par l'aisance ou les difficultés auxquelles ils donnent lieu, peuvent donc mieux que tous les autres créer les grands mouvements sociaux et, de quelque nom qu'on les décore, révolutions, luttes dynastiques ou internationales, n'en sont, pour la plupart, que la manifestation tangible et la conséquence brutale.

Nous avons estimé, d'autre part, les effets d'une centralisation excessive sur les œuvres sociales de notre pays, nous n'y reviendrons pas ; nous n'en retiendrons cependant que la facilité avec laquelle la population ouvrière et surtout agricole de la France, se tourne volontiers vers le gouvernement pour la solution de ses maux. C'est, en grande partie, de ce défaut d'initiative, particulier à notre pays, que provient notre retard dans la grande évolution coopérative moderne, et si les résultats déjà si remarquables obtenus chez nous par un mouvement qui est d'ailleurs récent, pouvaient encourager nos classes laborieuses à considérer ce qui se fait au delà de nos frontières, elles comprendraient mieux, peut-être, ce qu'elles peuvent et doivent faire elles-mêmes.

N'est-ce pas surtout par l'effort de l'initiative individuelle, que, depuis un demi-siècle, l'Angleterre, l'Allemagne, l'Italie, le Danemark, les Etats-Unis, nous ont devancés dans cete voie ? L'Etat n'a eu chez chacun d'eux, dans ces transformations, qu'une action secondaire, il n'a joué souvent qu'un rôle très effacé ; tout au plus doit-on lui attribuer, suivant l'expression de M. Blondel, le mérite de cette « chiquenaude initiale » qui décide les hésitants à agir et entraîne les timides.

La coopération est née sans le secours d'aucun législateur (1), elle peut, dans une certaine mesure, se perpétuer de même si elle n'est pas combattue par lui.

En ce dix-neuvième siècle, les différentes formes de l'association : sociétés de secours mutuels, assurances, syndicats, coopération de consommation, de production ou de crédit ont eu des fortunes diverses,

____

(1) La loi de 1867 ne mentionne même pas le nom des So ciétés coopératives.

mais elles ont attesté la valeur d'un principe indestructible. On peut dire aujourd'hui que l'association dominera le vingtième siècle et Stuart Mill l'a prévu lorsqu'il écrivait : « *Je crois que l'association coopérative finira par régénérer les masses populaires, et, par elles, la société elle-même* ».

FIN

BIBLIOTHÈQUE NATIONALE IMPRIMÉS.

TABLE DES MATIÈRES

CHAPITRE II

CHAPITRE III

TROISIÈME PARTIE

Le principe d'association au XIX° siècle.

CHAPITRE PREMIER

CHAPITRE II

CHAPITRE III

La coopération en Europe.

CHAPITRE IV

Laval. — Imprimerie Parisienne, L. BARNÉOUD & C⁰

www.ingramcontent.com/pod-product-compliance
Lightning Source LLC
LaVergne TN
LVHW020153030726
842520LV00003B/720